질문의 힘을 키우는

초등
그림책
인문학

일러두기

1. 그림책 선정의 기준은 다음과 같습니다. 아이와 나누고 싶은 주제를 먼저 정한 뒤, 이를 잘 드러내고 있는 그림책을 찾아 선정했습니다. 동일한 주제를 다루고 있는 그림책이 많을 경우에는 좋은 평가를 받거나 대중적으로 잘 알려진 그림책을 골랐습니다.

2. 좀 더 깊이 있는 내용을 알고 싶어 하는 부모들을 위해, 같은 주제의 책을 '엄마의 책읽기'에 별도로 소개했습니다.

프롤로그

아이와 나누는 대화의 시간

처음 부모가 되어 아이를 키우다 보면 계속 하게 되는 고민이 있습니다. "아이를 어떻게 하면 잘 키울 수 있을까?" 또는 "좋은 부모가 되려면 어떻게 해야 할까?"라는 것입니다. 제게는 끝까지 포기하고 싶지 않았던 두 가지 바람이 있었습니다. 하나는 아이와 좋은 관계를 유지하는 것이었고, 다른 하나는 아이와의 소통을 소홀히 하지 않는 것이었습니다. 또한 일상적인 대화를 넘어 깊이 있는 토론을 할 수 있으면 좋겠다고 생각했습니다.

하지만 평상시에 나눌 수 있는 대화에는 한계가 있더군요. 더 깊은 대화를 나누려면 어떻게 해야 할까 고민하다가 책을 떠올렸습니다. 독서 모임을 하며 자유롭게 이야기 나누던 경험이 좋았기 때문입니다. 과연 가능할까 싶어 선뜻 시도하지 못하고 있었는데, 저와 같은 고민을 하는 분들과 '아이와 함께 읽는 인문학 모임'을 만들어서 활동하게 되었습니다. 한 가지 주제를 정해 아이들은 그림책을 읽고, 엄마는 관련된 책을 읽는 모임이었습니다. 그림책을 읽고 정해진 질문과 답을 나누기로 했는데, 실제로는 자유롭게 대화하는 방식으로 진행하였습니다.

이 글은 아이들이 유치원에 다닐 때부터 시작해서 초등학교 6학년까지 함께 책을 읽고 나눈 이야기와 그 과정을 모은 기록입니다. 어릴 적에 읽었던 책이 주로 그림책이었기 때문에 초등학교 고학년이 되었어도 그림책을 중심으로 이야기를 나누었습니다. 대신 아이가 커가면서 초등학교 고학년에 적합한 수준의 그림책을 골랐습니다. 아이와 나눌 수 있는 다양한 주제를 먼저 정한 후, 해당 주제를 잘 나타내는 그림책을 골라 이야기를 나누었습니다.

아이와 책을 주제로 대화를 나누는 일이 처음부터 수월했던 것은 아닙니다. 질문을 던지면 건성으로 대답하거나 짜증을 내고 도망가 버리는 경우도 있었습니다. 질문과 전혀 상관없는 답을 해서 어이없었던 적도 많았고요. 그러다가 전혀 예상하지 못한 답변을 들을 때는 놀라기도 했습니다. 어떻게 이런 생각을 할까, 내가 아이들에 대해서 모르는 게 참 많았구나, 싶었습니다. 아이들이 엉뚱하게 대답한다고 해서 다시 대답하라고 강요하지는 않았습니다. 자유롭게 자신의 생각을 표현하는 게 우선되어야 된다고 믿었기 때문입니다. 그러던 아이들이 나중에는 저에게 먼저 질문하거나 자신의 의견을 말했습니다. 긴 시간에 걸쳐 천천히 일어난 변화였습니다.

초반에는 책에 대한 느낌과 생각을 진지하게 나누기보다는 편하게 이야기를 나눌 수 있는 토대를 마련하고 싶었습니다. 거부감을 줄이기 위해 책을 읽은 후 곧바로 대화를 나누지 않고 나중에 지나가듯이 물어보았습니다. 책을 읽은 지 시간이 한참 지난 후라도 관련된 내용이 있으면 자연스럽게 기억을 떠올리며 대화를 나누곤 했습니다. 예를 들어 여행을 갔는데 책의 내용과 관련된 무언가를 보았다거나, TV에서 그 주제를 다루면 "우리 저번에 저것 보았지?" 하면서 대화를 나누는 식이었습니다.

저는 아이와 걸으면서 이야기를 자주 나누는 편입니다. 집에서 책을 앞에 두고 이야기하다 보면 금방 싫증을 내고, 자기가 하던 놀이나 일로 관심을 돌려버리니까요. 그런데 걸을 때는 관심을 돌릴 데가 없으니 자연스럽게 대화에 집중했습니다. 장을 보러 가거나 문구점에 같이 가면서, 혹은 차를 타고 갈 때 이야기를 나누기도 했습니다.

책을 매개로 일상에서 대화를 나누는 일이 낯설고 어색할 수도 있습니다. 시작을 어떻게 해야 할지, 어떤 식으로 대화를 나누면 좋을지 막막한 분들을 위해 제가 아이들과 나눈 이야기들을 정리해보았습니다. 버트런드 러셀은 『행복의 정복』에서 다양한 분야에 관심을 가져야 한다고 이야기했습니다. 그러면 덜 휘둘리게 되거나 흔들리지 않게 된다고 말합니다. 다양한 관심을 쌓을 수 있는 가장 손쉬운 방법은 독서입니다. 독서 후에 책에 대해 대화를 나누게 되면 나도 모르게 생각이 정리되는 것을 느낍니다. 그게 바로 대화의 힘이겠지요.

아이와 계속해서 원활한 대화를 나누려면, 무엇보다 아이의 말을 많이 들어줘야 합니다. 고학년이 되었다고 갑자기 "자, 이제부터 이 책을 읽고 나와 대화를 나누자"라고 한다면 흔쾌히 따를 아이가 몇이나 될까요? 정해진 주제로 대화를 나누는 게 쉽지는 않지만, 어렵다고 해서 그만두지 않았으면 좋겠습니다. 아이가 자라면 점점 대화가 줄어들기 마련입니다. 사춘기가 되면 더욱 심해지지요. 어렸을 때부터 책을 매개로 대화의 끈을 놓지 않으면 계속해서 소통을 이어나갈 수도 있습니다.

1부의 내용은 아이에게 다양한 시각, 새롭게 생각하는 힘을 길러주기 위해 읽은 그림책과 관련된 대화를 모아보았습니다. 1부에서 다루는 주제들은 대부분 추상적인 개념입니다. 행복, 죽음, 사랑, 관계 등의 주제를 다루는 책을 읽고 이야기를 나누었습니다. 2부의 내용은 지식과 정보를 습득하는 과정을 중심으로 묶어보았습니다. 역사, 과학, 신화, 경제 등 새로운 내용을 이해하고 받아들이는 것에 초점을 맞추었습니다. 각 장의 마지막에는 함께 읽으면 좋은 아이의 책과 엄마의 책을 소개했습니다. 그림책은 여운이 길지만 내용이 짧아서 아쉬울 때도 있는데, 그와 관련된 주제의 성인 책을 읽으면 좋을 것 같아 추천해보았습니다.

우리의 아이들이 앞으로 살아가기 위해 필요한 것은 과연 무엇일까요? 여러 가지 능력이 필요하겠지만, 무엇보다도 스스로 생각해서 질문하고 문제를 해결할 수 있는 힘일 것입니다. 부모라면 누구나 아이들의 미래를 생각할 때, 걱정과 기대가 교차할 텐데요. 독서를 바탕으로 사고의 폭을 키워주는 일은 그 무엇보다 중요하다고 생각합니다. 아이와 책을 매개로 대화하며 아이가 스스로 생각하고 질문할 수 있는 힘을 기르면 좋겠다는 희망을 담았습니다. 그럼 책을 읽으며 아이와 대화를 나누는 시간으로 들어가볼까요?

차례

프롤로그	아이와 나누는 대화의 시간	5
워밍업	아이와 주제를 가지고 대화를 나눌 때 기억해야 할 일곱 가지	13

1부
다르게 생각해봐요

intro	다르게, 자유롭게, 스스로	23
01	나는 언제 행복할까? •『행복한 청소부』	25
	"행복은 기쁨의 강도가 아니라 빈도" 『행복의 기원』	33
02	죽음은 두려운 것일까? •『나는 죽음이에요』	36
	"내게 남은 시간을 알게 된다면" 『숨결이 바람 될 때』	44
03	사랑이란 어떤 감정일까? •『100만 번 산 고양이』	47
	"사랑은 배워야 하고, 행하는 것" 『사랑의 기술』	55
04	내 마음대로 그려도 돼요? •『피카소의 엉뚱한 바지』	58
	"내면에 잠재되어 있는 창조성 찾기" 『아티스트 웨이』	66
05	내게 소중한 존재는 누구일까? •『어린 왕자』	69
	"소통의 전제조건은 열린 마음" 『자기 앞의 생』	77
06	가치 있는 삶이란 무엇일까? •『나무를 심은 사람』	79
	"타인을 향한 진심 어린 환대" 『단순한 진심』	87

07	내가 아는 사실들은 모두 진실일까? • 『그림자를 믿지 마!』	90
	"슬픈 예감도 틀릴 수 있다" 『예감은 틀리지 않는다』	98
08	하고 싶은 일을 하려면 어떻게 해야 할까? • 『빈센트 반 고흐』	101
	"우리 자신으로 살아가기" 『반 고흐, 영혼의 편지』	108
09	사람들은 왜 이야기를 좋아할까? • 『도서관 생쥐』	111
	"좋은 책을 신중하게 골라 읽어요" 『헤르만 헤세의 독서의 기술』	121
10	어느 날, 내 몸이 변한다면 어떻게 하지? • 『변신』	124
	"인간의 도구화에 대한 고찰" 『변신』	130
11	집을 지어본다면 어떨까? • 『우리 손으로 우리 집을 지어요』	132
	"집도 하나의 기록이 된다" 『행복의 건축』	142
12	자꾸 이상한 꿈을 꿔요 • 『벤의 꿈』	145
	"꿈은 억압된 소원의 성취" 『꿈의 해석』	153

2부
세상이 궁금해요

intro	함께 찾아보고 알아가는 즐거움	159
01	생명체는 어떻게 생겨났을까? • 『참 쉬운 진화 이야기』	163
	"임계 국면이 형성되어 생명체가 출현하게 되었어요" 『빅 히스토리』	171
02	사람들은 어떻게 요리를 하게 되었을까? • 『밥상을 차리다』	174
	"인류가 요리를 시작하게 된 이유" 『요리 본능』	181
03	음식은 어떤 역사를 가지고 있을까? • 『소금 세계사를 바꾸다』	184
	"식료품의 역사는 아무리 읽어도 질리지 않아요" 『식탁 위의 세계사』	192
04	신은 어떤 존재일까? • 『신과 거인의 이야기 북유럽 신화』	195
	"북유럽 신화의 상상력" 『북유럽 신화』	202

05	돈을 버는 방법이 궁금해요 • 『레몬으로 돈 버는 법』	205
	"자본주의의 작동 원리" 『EBS 다큐프라임 자본주의』	213
06	환경이 오염되면 어떻게 될까? • 『그레타 툰베리가 외쳐요』	216
	"살충제 사용이 불러온 환경오염" 『침묵의 봄』	223
07	원전폭발, 그 후의 우리들 • 『후쿠시마의 눈물』	226
	"100명의 목소리로 들어본 원폭 피해" 『체르노빌의 목소리』	233
08	전쟁 없는 세상이 있을 수 있을까? • 『적』	236
	"전쟁의 비극을 기억하며 산다는 것" 『제5도살장』	243
09	숫자로 바라본 세상 • 『마법의 숫자들』	246
	"수학을 싫어할 이유가 없다?" 『이토록 아름다운 수학이라면』	252
10	'미주알고주알'의 뜻을 아세요? • 『무슨 말이야?』	255
	"우리말의 조합이 궁금하다면" 『단어의 사연들』	264
11	로봇 세상이 온다면 • 『제2의 인간 로봇』	267
	"인간을 도와주는 로봇들이 많아진다면" 『한 스푼의 시간』	275
12	전염병은 왜 사라지지 않아요? • 『뿐뿐 캐릭터 도감: 전염병』	277
	"바이러스의 정체를 알아야 살아남을 수 있어요" 『바이러스 쇼크』	283

에필로그	대화의 씨앗들은 자라서 어디로 갈까?	286
부록	추천도서	291

워밍업

아이와 주제를 가지고
대화를 나눌 때
기억해야 할 일곱 가지

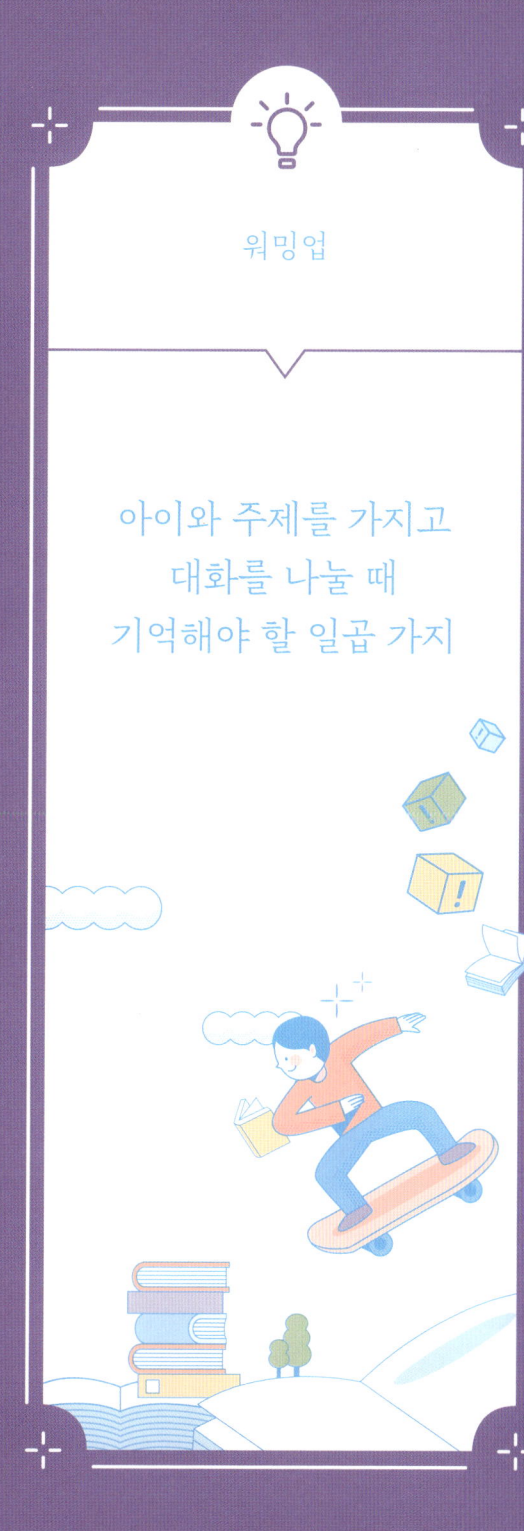

책을 읽은 후 아이와 대화를 나누기가 쉽지 않다고 말하는 부모님들이 있습니다. 일상적인 대화는 나누지만 막상 책에 대해 이야기하려면 어떻게 시작해야 할지 모르겠다고 말씀하시더군요. 주제를 정해서 대화를 나누려면 몇 가지 갖추어야 할 마음의 자세가 필요합니다. 그동안 아이들과 대화를 나누면서 깨달은 것을 정리해보았습니다. 저 역시 매번 이런 자세를 지키기는 쉽지 않았습니다. 같은 실수를 여러 번 하고 나서야 다른 방법을 시도해보곤 했지요. 이 과정에서 아이의 이야기를 잘 들어주려면 인내심이 필요하다는 사실을 깨달았습니다.

첫째, 상황에 맞추어 자연스럽게 대화를 나누어보세요.

아침을 먹으며 아이들과 최근의 사회적 현안에 대해 토론한다는 분의 이야기를 책에서 읽은 적이 있습니다. 저도 아주 가끔은 밥을 먹으면서 토론에 가까운 대화를 나누긴 하지만, 대부분은 일상적인 대화를 나눕니다. 일반적인 가정에서 밥을 먹으면서 토론하기가 쉽지 않을 것으로 예상됩니다. 이 책에서 소개한 아이와 나눈 대화는 책을 읽은 직후에 나눈 이야기가 아닙니다. 상황에 맞추어 자연스럽게 나눈 이야기를 기록했습니다. 주로 걷거나 차를 타고 이동할 때라든가, 다른 일로 방해받지 않는 상황에서 이야기를 나누었습니다. 가장 자연스럽게 이야기를 나눌 수 있는 때를 찾아보고 여유로운 상황을 선택해서 대화를 나누면 좋겠습니다.

둘째, 내용을 이해했는지 확인하는 듯한 질문은 거부감을 느낄 수 있어요.

어떤 어머니는 책을 읽어주면서 아이에게 질문했더니 아이가 싫어하더라고 하소연하신 적이 있습니다. 책 내용에 대해 아이에게 물었더니 "엄마, 그냥 책만 읽어주면 안 돼?"라고 말해 당황했다고 합니다. 저희도 책을 읽고 있는데 누가 옆에서 계속 내용을 물어보면 기분이 그다지 좋지 않겠지요? 책을 읽어줄 때나 읽은 직후에 내용을 이해했는지 확인하는 식의 질문을 하면 아이가 거부감을 느낄 수 있습니다. 자신의 생각을 표현하는 데 익숙하지 않은 아이라면 더욱 그렇겠지요. 책에 관한 이야기를 나눌 때는 질문하고 답하는 형식보다는 자연스럽게 대화를 나눈다는 마음으로 시작해보세요. 질문을 부담스러워하는 아이라면 내 이야기를 먼저 들려주는 방법도 있습니다. 저는 책의 내용과 연관된 어릴 적 이야기를 들려주면서 대화를 시작하기도 했습니다.

셋째, 아이의 대답에 실망하거나 부정적으로 반응하지 않는 것이 좋습니다.

처음 아이에게 책의 내용에 대해 물었을 때는 주로 단답형의 답변이 돌아왔습니다. "네" 또는 "아니요"라고만 대답하는 경우가 많았지요. 성의 없는 답변을 듣고 실망스러울 때도 있었습니다. 왜 자세하게 말해주지 않는 걸까, 아쉬운 마음이 들기도 했습니다. 하지만 처음에 아이가 기대에 못 미치는 대답을 하더라도 실망할 필요는 없습니다. 포기하지 말고 꾸준히 이야기를 나누다 보면 어느 순간 생각지도 못할 만큼 깊이 있는 아이의 대답에 놀라는 순간이 찾아올 것입니다. 아이는 아직 다듬어지지 않은 원석과 같다는 걸 잊지 않았으면 좋겠습니다. 우리 역시 처음부터 잘한 일은 없었으니까요.

넷째, 아이의 의견을 존중해주세요.

예전에 가정이나 학교에서 자유롭게 의사소통하는 문화가 형성되지 못한 가장 큰 이유는 서열 위주의 문화가 지배적이었기 때문입니다. 아랫사람은 윗사람의 말을 듣고 따라야만 했지요. 부모님이나 윗사람에게 자신의 생각을 이야기하면 '말대꾸'를 한다며 부정적인 평가를 받기도 했습니다. 이제는 사회적 분위기가 바뀌었고 누구나 자유롭게 자신의 의견을 이야기할 수 있지만 여전히 이런 생각들이 남아 있습니다. 눈높이에 맞추어 아이의 의견을 최대한 존중해주어야 아이도 자신의 생각을 자유롭게 이야기하게 됩니다.

다섯째, 가르치려고 하거나 정답은 정해져 있다는 식이면 아이와 대화를 이어가기가 어렵습니다.

큰아이가 한창 사춘기일 때, 아이와 대화하다가 감정이 상한 적이 여러 번 있었습니다. 언쟁으로 끝나기도 했지요. 엄마와 다시는 이야기하지 않겠다며 문을 쾅 닫고 들어가는 아이의 뒷모습을 보며 후회와 반성을 하곤 했습니다. 하지만 다음 날 아침이면 아이는 어김없이 말을 걸어왔고, "생각해보니 엄마의 말도 맞는 것 같아"라며 대화의 문을 열어주었습니다. 저 역시 잘못된 것이 있으면 아이에게 바로 사과하고 고치겠다고 약속했습니다.

아이가 자라 자아가 형성되면 부모 말을 잘 듣던 아이들도 강하게 자기 주장을 하기 시작합니다. 이런 아이의 태도에 부모는 당황하기도 하고, 훈계하기도 하죠. 하지만 아이는 점점 통제권을 벗어나기 시작합니다. 이 시기의 아이들이 부모에게 가장 거부감을 느끼는 것이 자신을 가르치려고 들거나 정답이 정해져 있다고 말하는 태도입니다. "정답은 이것이다"라고 강요하기보다는 "이런 방법은 어때?"라고 제안하거나 "왜 그렇게 생각해?"라고 이유를 묻고 의견을 나누어야 합니다.

여섯째, 스스로 궁금해할 수 있도록 이끌어주세요.

어린아이들은 질문이 많습니다. 하루 종일 쉬지 않고 질문을 쏟아내기도 합니다. 처음에는 아이에게 성의 있게 답해주다가도 언제부터인가 일일이 대답하는 일이 귀찮아지기 시작합니다. "몰라"라든가

"네가 찾아봐"라고 대충 답해주게 됩니다. 이런 대답이 늘어나면 아이는 점차 질문하기를 주저합니다. 질문을 하려면 궁금증과 호기심이 있어야 합니다. 아이가 "왜?"라는 질문을 할 수 있도록 이끌어주세요. 아이가 궁금해하는 것을 책에서 찾아보게 하거나 그와 관련된 활동을 해보는 것도 좋습니다. 궁금함을 해결하려는 욕구가 있어야 능동적으로 사고하게 됩니다.

일곱째, 깊이 사고할 수 있게 도와주세요.
이 책에서는 여러 가지 다양한 생각이 떠오를 만한 주제를 다루고 있습니다. 다른 의견이 나올 만한 내용이라면 단편적으로 이야기를 끝내지 말고, 더 깊이 있는 대화를 나눌 수 있도록 연결해주면 좋습니다. 지식과 정보를 습득하는 주제라면 심화하여 이야기를 나눌 수 있습니다.

1부

다르게 생각해봐요

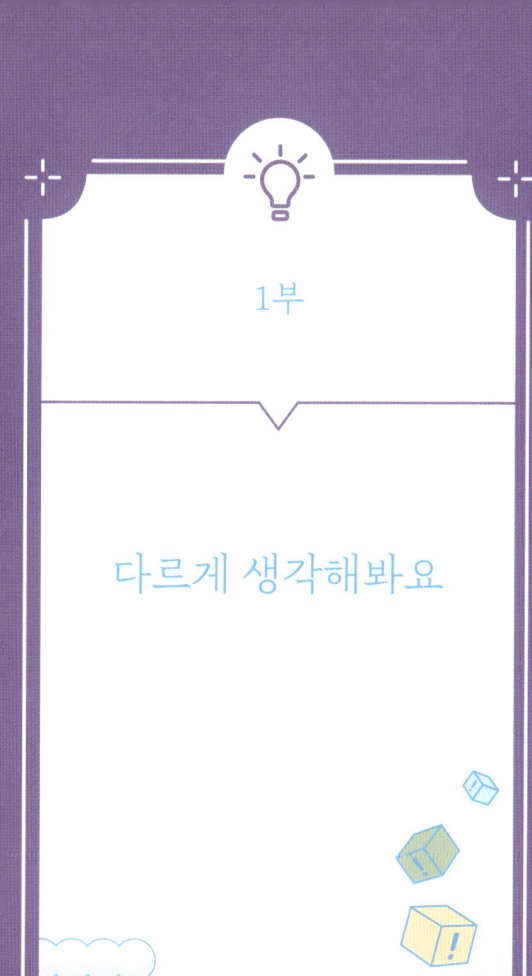

INTRO

다르게, 자유롭게, 스스로

창의성이 화두인 세상입니다. 부모라면 누구나 자신의 아이가 창의적인 사람으로 성장하길 바랍니다. 4차 산업혁명 이후 인공지능 로봇이 인간을 대체하여 일하게 되리라는 미래 예측은 이제 잘 알려진 사실입니다. 그래서 인공지능 로봇이 대체할 수 없는, 인간만이 할 수 있는 창의적인 일을 해야 한다고 말합니다. 그러기 위해서는 스스로 문제를 제기하고 사유하는 힘을 기르는 것이 중요합니다.

창의력이란 무엇일까요? 창의력이란 새로운 것을 생각하는 과정, 다양한 각도에서 현상을 들여다볼 수 있는 능력을 의미합니다. 경험을 통해 이미 알고 있는 것을 새롭게 재구성하고 자신만의 시각으로 다시 합성할 수 있는 능력인 것이죠.

어떻게 하면 창의력을 가진 아이로 성장할 수 있을까요? 자신만의 생각을 바탕으로 남과 다르게 사고할 수 있는 능력을 길러야 합니다. 우리나라는 남과 다른 것을 부정적으로 받아들이는 사회적 분위기가 있습니다. 그래서 '다른(different)' 것을 '틀린(wrong)' 것으로 여기는 경우가 많습니다. 일단 이런 사고방식에서 자유로워져야 합니다. 다르게 볼 수 있는 능력을 인정해주고 이를 격려해야 합니다. 다르게 생각하는 힘은 자유로운 논쟁에서 나옵니다. 토론의 과정에서 나와 다른 사람들의 생각을 듣는 것이 중요합니다. 논쟁을 벌이면서 남과 다른 관점과 차별화된 아이디어를 찾으면서 창의력 또한 성장하게 됩니다.

그렇다면 아이와 대화를 나눌 때 어떻게 해야 할까요? 아이가 스스로 질문을 던지고 답을 찾아가는 과정을 즐기게 하면 됩니다. 물론 쉽지는 않지요. 무엇보다 대화를 나눌 때 열린 태도여야 합니다. 모든 문제에 답이 하나만 존재한다고 생각하지 않습니다. 설령 답이 정해진 문제라도 답에 이르는 다양한 방법을 찾도록 돕는 과정을 꼭 거쳐야 합니다. 다양한 방법을 알려면 실패에 익숙해져야 합니다. 처음부터 완벽할 수는 없으니까요. 그런 과정을 여러 번 거치며 자신에게 가장 좋은 방법을 스스로 찾아가는 게 중요합니다. 나만의 방법이란 각자 다릅니다. 실패하지 않고 한번에 정답을 찾는 방법을 알려주기보다는 스스로 여러번 시도해보고 자신만의 방법을 찾도록 길을 터주면 어떨까요?

1부에서는 나만의 생각을 가지기 위해 책을 읽고 이야기를 나눈 내용을 묶어보았습니다. 다양하게 생각해보게 하는 주제들을 중심으로 엮었습니다. 다른 관점에서 보는 능력을 인정해주고 이를 격려하는 부모가 되고 싶은 마음에서 고른 책입니다.

01

나는 언제 행복할까?

『행복한 청소부』

모니카 페트 글 · 안토니 보라틴스키 그림 · 김경연 옮김 · 풀빛

아이들이 3학년 때, 학교에서 열린 총회에 참석하게 되었습니다. 강당에서 행사를 마친 뒤 아이들이 공부하는 교실로 갔습니다. 책상 위에는 종이 한 장이 놓여 있었는데, 담임선생님이 아이들에게 질문지를 나누어주고 엄마들이 오기 전에 답을 쓰게 했던 것입니다. 선생님은 아이가 쓴 답을 보지 않은 상태에서 답변을 써보게 하고 아이가 뭐라고 썼는지 비교하게 하였습니다. 문항 중에는 "나는 언제

행복하다고 느끼나요?"라는 질문이 있었는데, 저는 주저하지 않고 "맛있는 음식을 먹을 때"라고 자신 있게 썼습니다. 당연히 맞았겠지 싶어 종이를 뒤집어보았는데, 아이는 답을 쓰지 않았더군요. 의외였습니다. 집에 와서 왜 답변을 쓰지 않았냐고 물었더니 "쓸 말이 없어서요"라고 대답하더군요. 아이는 자신의 감정이나 생각을 글로 쓰는 게 익숙하지 않다고 했습니다.

문득 예전에 큰애와 행복에 대해 이야기를 나눈 것이 떠올랐습니다. 아이는 마음이 편할 때 행복감을 느낀다고 답하였습니다. 마음이 불편한데 행복한 사람은 없겠지요. 저는 어떠한지 생각해보았더니, 하고 싶은 일을 할 때 행복하다고 느끼는 편이었습니다. 하지만 살다 보면 하고 싶지는 않지만 해야 할 일이 너무나 많지요. 아이들에게 "너희들은 의무적으로 할 일이 많지 않아 좋겠구나"라고 말하곤 했는데, 그럴 때면 아이들은 무슨 소리냐며 불만을 털어놓았습니다. 하기 싫은 숙제를 하느라 너무 힘들다면서요. 그러면 이렇게 대답해주었습니다. "그래, 숙제하는 건 정말 싫지. 엄마가 그 생각을 미처 못 했구나."

언제 행복하다고 느끼는가에 대한 질문은 아이가 커갈수록 계속 이야기를 나눌 만한 주제입니다. 어른이 되어서도 행복하다고 느끼는 순간은 계속 바뀝니다. 사람들과 웃고 떠들 때 즐겁기도 하지만, 조용히 혼자 있을 때 행복할 수도 있습니다. 아이들도 자라면서 생각이 계속 바뀌어갈 겁니다. 행복의 조건은 사람마다 다릅니다. 벤저민 프랭클린은 "행복은 어쩌다 한 번 일어나는 커다란 행운이 아니라, 매일 발생하는 작은 친절이나 기쁨 속에 있다"라고 말합니다. 행복으로 가는 길은 하나만이 아닙니다. 각자의 길이 존재합니다. 그러니 우리는 자기만의 길을 찾아야겠습니다.

아이와 행복에 대해 좀 더 구체적으로 이야기해보기 위해 『행복한 청소부』라는 그림책을 골라보았습니다. 『행복한 청소부』는 아이들보다 제가 푹 빠져서 읽은 책입니다. 청소부 아저씨는 매일 아침 7시면 작가와 음악가의 거리에 있는 표지판을 닦으러 갑니다. 어느 날 아저씨는 표지판에 쓰여 있는 작가와 음악가에 대해 아무것도 모른다는 사실을 깨닫고 그들에 대해 공부하기 시작합니다. 음악과 문학을 만나고 관심을 가지게 된 후 연주회를 찾아가고 밤새워 책을 읽다가 음악가와 작가에 대해 쓴 학자들의 책까지 찾아 읽게 되지요.

책읽기에 빠진 아저씨는 진즉 책을 읽기 시작했으면 좋았겠다고 생각하다가, 그래도 모든 것을 놓친 것은 아니니 괜찮다고 말합니다. 아저씨는 표지판을 닦으며 자기 자신에게 강연하는데 그 과정에서 아주 유명해집니다. 여러 대학에서 아저씨에게 강연해달라는 요청이 쇄도했지만, 아저씨는 모두 거절했습니다. 아저씨는 "강연을 하는 건 오로지 내 자신의 즐거움을 위해서랍니다. 나는 교수가 되고 싶지 않습니다. 지금 내가 하는 일을 계속하고 싶습니다"라고 말하며 계속 표지판 청소부로 일했습니다.

아저씨는 이전에도 행복했지만, 음악과 문학을 알고 난 후 더 행복해집니다. 세상을 더욱 다채롭고 재미있게 즐기게 되었기 때문이지요. 진정한 즐거움을 위해 돈이나 명예, 타인의 시선 따위는 가볍게 내려놓을 수 있는 용기를 지닌 아저씨가 멋져 보입니다.

책을 읽은 며칠 후 공원을 산책하다가, 이 주제로 성연이와 이야기를 나누었습니다.

"좋아하는 일과 잘하는 일 중에서 어떤 걸 직업으로 삼으면 좋다고 생각해?"

아이는 잠시 고민해보더니 이렇게 대답했습니다. "저는 잘하는 일을 직업으로 하는 게 좋다고 생각해요."

"그래? 왜 그렇게 생각하는데?"

"직업은 매일 해야 하니까 잘하는 일을 하는 게 맞을 것 같고, 좋아하는 일은 취미처럼 즐기는 게 나을 것 같아요."

"그래. 즐거움을 잃지 않으려면 좋아하는 일은 그냥 취미로 남겨두는 것도 좋겠다."

좋아하는 일과 잘하는 일이 겹친다면 고민할 필요가 없겠지만, 다르다면 누구나 한 번쯤 고민에 빠집니다. 아이의 대답에 고개가 절로 끄덕여집니다.

📖 엄마와 아이가 함께 읽고 나눈 생각 대화

'행복'은 평소에도 아이와 즐겨 나누는 대화 주제 중 하나입니다. 언제 즐거운지, 무엇을 하면 행복한지, 왜 행복하다고 느끼는지에 대해서 어느 정도 시간을 두고 자주 이야기를 나눕니다. 물론 대답은 매번 바뀝니다. 하지만 좋았다고 느꼈던 경험이나 기억은 오래 간직하게 된다는 것을 알게 되었습니다.

엄마   얘들아, 너희들이 행복하다고 느낄 때는 언제였어? 기억나는 일이 있어?
준   친구들과 놀 때요. 학교에서 체험학습 가서 같이 놀 때도요.

    작년에 용산 국립박물관의 어린이박물관으로 체험학습을 간 적이 있는데, 그때의 기억이 떠올랐나 봅니다.

연   전 책 읽을 때가 가장 행복해요. 집에서 무언가에 열중하는 게 좋아요. 만들기를 할 때나 책을 읽을 때처럼요.

    아이는 매번 새로운 취미에 푹 빠져서 질릴 때까지 하는 편입니다. 지금까지 좋아했던 것을 떠올려보면 클레이, 나무 퍼즐, 종이접기 등 여러 가지가 있었습니다.

엄마   그럼, 행복한 사람이 되기 위해서는 어떻게 해야 할까?
준   다른 사람들에게 다정하게 대해야 해요.
연   주위 사람에게 인사를 잘해야 해요. 저는 인사를 하면 기분이 좋아져요. 그리고 다른 사람의 말을 잘 들어야 해요.

누구의 말을 잘 들어야 하는지 물었더니 선생님이라고 답합니다.

엄마 그렇다면 언제 행복하지 않다고 느껴?
준 친구가 시비 걸 때요. 하지만 시비 건 친구는 꼭 선생님께 혼이 나요.

어떻게 선생님께서 알고 혼을 내시는지 물었더니 성연이가 선생님께 일러바친다고 하네요.

연 제가 운이 안 좋을 때 행복하지 않아요.

언제 운이 안 좋다고 느끼는지 물었더니, 학교에서 신발을 갈아신고 실내화를 던졌을 때 앞으로 안 놓이고 거꾸로 놓이면 운이 나쁘다고 답합니다.

엄마 행복한 사람과 불행한 사람의 행동은 어떻게 다를까?
준 행복한 사람은 긍정적이고, 사람들에게 친절하게 대해요. 불행한 사람은 소심하고, 화를 잘 내며, 웃지 않아요.

아이들이 생각하는 행복한 사람이란 친절하고, 인사를 잘하며, 긍정적인 사람이라는 공통점이 있네요. 이렇듯 직관적인 느낌이 더 정확하다는 생각을 해봅니다.

> **함께 읽으면 좋은 책**

"시제이, 저길 보렴.
아름다운 것은 어디에나 있단다.
늘 무심코 지나치다 보니 알아보지 못할 뿐이야."

『행복을 나르는 버스』 중에서
(맷 데 라 페냐 글 · 크리스티안 로빈슨 그림 · 김경미 옮김 · 비룡소)

『길거리 가수 새미』
찰스 키핑 글/그림 · 서애경 옮김 · 사계절

새미 스트리트싱어는 길거리에서 노래를 부르는 가수입니다. 새미는 빅 찬스 서커스단의 단장 이고를 만나 서커스단에 들어갔다가, 빅놉을 만나 꿈의 궁전에서 노래를 불러 큰돈을 벌었습니다. 조그만 콘서트장에서 거대한 스타디움으로, 그리고 텔레비전으로 무대를 옮겨 노래를 부르면서 새미는 최고의 인기 스타가 됩니다. 하지만 새미는 행복하지 않습니다.

새미는 거리에서 춤추고 마음껏 노래할 때, 아이나 행인을 상대로 노래할 때, 부와 명성은 얻지 못했지만 그들이 노래를 듣고 던져주는 동전으로 생활하며 행복감을 느꼈습니다. 진짜 자신이 무엇을 원하는지 깨달은 새미는 거리를 오가는 사람들에게 노래를 들려주며 삶의 기쁨을 느낍니다. 과연 부와 명성을 가진다고 행복해지는지에 대한 질문을 던지는 이 그림책은 자신이 어떨 때 행복한지 돌아보게 합니다.

『행복한 돼지』
헬렌 옥슨버리 글/그림 • 김서정 옮김 • 웅진닷컴

아이들의 눈높이에 맞는 재미있는 그림책으로, 아이들은 유쾌한 내용을 재미있어했습니다. 특히, 돼지들이 진흙탕에서 뒹구는 장면이나 보물을 찾아내는 장면을 좋아했습니다. 이 그림책을 읽고 "돼지는 왜 다시 과수원으로 돌아갔을까?" 하고 물어보았습니다. 아이들은 "돈이 돼지들에게 행복을 주지 않았고, 그보다는 마음 편하게 지내는 것이 더 좋기 때문이에요"라고 답해서 놀랐습니다. 그리고 "나만 행복한 것이 아니라 내 주변 사람들도 함께 행복한 게 중요해요"라고 말하네요.

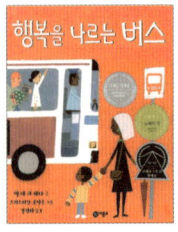

『행복을 나르는 버스』
맷 데 라 페냐 글 • 크리스티안 로빈슨 그림
김경미 옮김 • 비룡소

할머니와 어린 손자 시제이가 버스를 타고 마지막 정류장까지 가는 동안, 다채로운 이웃을 보며 이야기를 나눕니다. 할머니는 진정한 행복이 무엇인지에 대해 이야기하며, 이웃과 사물의 틈에서 숨은 아름다움을 찾아내는 기쁨과 행복을 놓치지 말라고 깨우쳐줍니다. 사람들로 꽉 찬 무료 급식소에서 할머니와 시제이가 봉사 활동을 하는 마지막 장면은, 생김새도, 사는 모습도 다른 우리가 서로 마음을 열고 손을 내미는 것이 곧 더불어 사는 행복임을 알려줍니다.

엄마의 책읽기

"행복은 기쁨의 강도가 아니라 빈도"

『행복의 기원』
서은국 지음 · 21세기북스

행복에 대한 담론은 인간을 어떤 존재로 규정하는가와 관련이 깊습니다. 인간이 다른 동물과는 다르게 이상을 좇아 나아가는 존재라고 생각한다면 행복은 '내적 성장'과 연결됩니다. 반면 인간도 다른 동물과 다를 바 없이 생존이 기본적인 목적이며, 즐거운 경험을 많이 할수록 행복을 느낀다는 주장도 있습니다. 내적 성장과 행복을 연결하는 책은 많이 접할 테니, 여기서는 '즐거움(쾌)'에 초점을 맞춰 왜 인간이 행복감을 느끼는지에 대해 풀어 쓴 책을 소개해볼까 합니다.

서은국의 『행복의 기원』은 진화심리학을 바탕으로 인간이 왜 행복을 느끼는지를 흥미롭게 분석한 책입니다. 책은 전반적으로 유머가 넘쳐서 읽는 내내 유쾌해집니다. 저자는 인간의 이성적인 면보다는 본능적인 면에 초점을 맞추어 행복을 '쾌'의 경험으로 설명합니다. 생존 확률을 높이기 위해 쾌의 경험이 필요하고, 그럴 때마다 인간은 행복감을 느낀다는 설명인데요. 즉, 인간은 행복하기 위해 사는 것이 아니라 생존하기 위해 필요할 때마다 쾌를 느끼도록 프로그래밍되어 있다는 뜻입니다.

저자는 대학생들을 대상으로 연구한 결과, 행복하거나 불행한 사건은 보통 4개월 정도가 지나면 영향을 미치지 않는다는 사실을 밝혀냈습니다. 이 연구는 막상 원하는 일을 이뤄도 몇 달이 지나면 그 상태에 '적응'하기 때문에 행복감은 오래가지 못한다는 주장입니다. 모든 쾌락은 곧 소멸되기 때문에 커다란 기쁨보다는 작은 기쁨을 여러 번 느끼는 게 중요합니다. 행복은 '한 방'으로 해결되는 것이 아니기 때문입니다.

중요한 또 다른 요소는 '사회성'입니다. 30년 전 성격 연구 과정에서 외향적인 사람들이 유난히 행복하다는 사실을 '실수'로 발견했다고 합니다. 외향성이 높을수록 타인과 같이 있는 시간을 좋아하고, 다른 사람들이 자신을 좋아하도록 만드는 데 타고난 재주가 있습니다. 진화론적으로도 친사회적 행동은 타인과의 결속력을 높이고 생존에 필요한 사회적 자원을 확보하기에 더 유리합니다. 행복은 내가 좋아하고, 나를 좋아하는 사람을 만날 때 느낄 수 있습니다.

 인간뿐 아니라 동물도 쾌와 불쾌의 경험을 즉각 구분할 수 있어야 생존 확률이 높아집니다. 쾌의 경험을 자주 하라는 말은 생각의 전환을 가져옵니다. 책을 읽으면서, 나는 어떤 일을 할 때 행복 전구가 깜박이는지 곰곰이 생각해보았습니다. 인간이란 행복을 느껴야 하는 존재이므로 일상에서 행복을 느끼게 하는 일을 더 자주 해야겠습니다. 그러기 위해서는 내가 뭘 좋아하는지부터 알아야겠지요? 여러분은 무슨 일을 할 때 행복 전구에 불이 들어오나요? 저는 혼자서 조용히 책을 읽거나, 독서 모임에서 좋아하는 책에 대해 이야기를 나눌 때 무척 즐겁습니다. 사람들은 사랑하는 이와 음식을 먹을 때 가장 행복감을 느낀다는 말을 기억해야겠습니다.

02

죽음은 두려운 것일까?

『나는 죽음이에요』
엘리자베스 헬란 라슨 글 · 마린 슈나이더 그림 · 장미경 옮김 · 마루벌

아이들이 여섯 살 무렵, 강원도의 어느 절에 놀러 간 적이 있습니다. 절에 있는 석종 앞에는 소원을 적어서 넣는, 나무로 만든 함이 있었습니다. 소원을 적겠다며 종이를 집어 든 아이들은 사뭇 진지한 얼굴로 연필을 꾹꾹 눌러가며 무언가를 쓰기 시작했습니다. 저는 아이들에게 뭐라고 썼는지 이야기해달라고 했습니다. 아이가 귓속말로 들려준 말은 저의 예상을 완전히 빗나갔습니다. 종이에는 "죽지

않고 영원히 살게 해주세요"라고 적었다는군요. 전혀 생각하지 못한 소원이라서 놀랐던 기억이 있습니다.

아이들이 죽음을 두려워하기 시작한 것은 다섯 살 무렵이었습니다. 어느 날 아이가 울면서, 저에게 어떻게 하면 죽지 않는지 그 방법을 알려달라고 졸랐습니다. 미처 상황의 심각성을 파악하지 못한 저는 "모든 사람은 다 죽어"라는 원론적인 이야기만 늘어놓았습니다. "영생을 위해 불로초를 찾아 헤매던 진시황도 끝내 죽음을 피하지 못했단다"라고 이야기해주었는데, 아뿔싸, 상황은 더 나빠졌습니다. 아이들은 더 큰 소리로 울면서 분명 방법이 있을 것이니 알려달라며 떼를 썼습니다.

저는 당황했고, 적절한 답이 아니었음을 깨달았습니다. 구원투수가 필요했습니다. 큰애를 불러 상황을 설명하고, 좋은 방법이 있는지 물어보았습니다. 큰애는 잠시 생각하더니 해리포터 시리즈 중 '마법사의 돌' 이야기를 동생들에게 차분하게 들려주더군요. 역시 상황 대처 능력은 저보다 나았습니다. 동생들에게 이 돌을 찾으면 죽지 않을 수 있으니, 걱정하지 말고 자라고 말해주었습니다. 아이들은 정말이냐고 몇 번을 되묻더군요. 나는 내일 이 돌을 꼭 찾아주겠노라고 약속하였고, 그제야 겨우 울음을 그친 아이들은 잠자리에 들었습니다. 그날 밤, 내일 어떤 돌을 주워 와서 불멸의 돌이라며 건네주어야 하나 고민하며 잠을 설쳤던 기억이 납니다.

그날부터 저는 아이에게 죽음을 어떻게 설명해야 할지 고민하기 시작했습니다. 그래서 그림책에서는 죽음을 어떻게 다루고 있는지 찾아보았습니다. 생각과 달리 죽음을 다룬 그림책이 상당히 많아서 놀랐습니다. 아이들이 읽는 그림책이니 죽음과 같이 무거운 주제를 다룬 책은 많지 않겠지, 라고 생각했는데 의외였습니다. 여러 그림책 중에서 아이들과 함께 읽기 위해 고른 책은 엘리자베스 헬란 라슨의 『나는 죽음이에요』입니다. 이 책의 주인공인 '죽음'의 모습은 어둡거나 무섭기보다는 예쁜 모습을 하고 있습니다. 그림의 색도 아름답습니다. 발그스레한 뺨, 푸른색 옷을 입고 머리에 꽃을 단 어여쁜 모습을 한 죽음을 보며 거부감을 가지기는 쉽지 않습니다. '죽음'은 작은 동물, 큰 동물을 찾아가기도 하고, 주름이 많은 사람, 손이 작고 따뜻한 아이도 찾아갑니다.

하지만 사람들은 죽음을 발견하면 문을 닫고 숨어버립니다. 그리고 죽음이 그냥 지나가길 바라며 죽음 이후를 두려워하는데, 너무나 당연한 반응이지요. 그런 사람들에게 죽음은 말합니다. "나는 죽음이에요. 삶이 삶인 것처럼 죽음은 그냥 죽음이지요." 또 이렇게도 말합니다. "삶과 나는 하나예요. 삶과 나는 모든 생명의 시작과 끝을 함께해요"라고요. 죽음에 대해 아이들이 가지고 있는 거부감과 공포심을 가라앉힐 수 있는 책이라 마음에 들었습니다.

📖 엄마와 아이가 함께 읽고 나눈 생각 대화

'죽음'은 의외로 자주 나누는 대화 주제 중 하나입니다. 너무 무거운 내용이라서 아이와 대화하기에는 어울리지 않다고 여길 수도 있지만, 일상에서 이야기를 나누다 보면 막연한 두려움을 덜어낼 수도 있을 겁니다. 2020년 2월 20일에 나눈 대화를 적어봅니다. 이날, 아이들이 집에 오더니 숫자가 겹치는 흔하지 않은 날이니 소원을 빌어야 한다고 말하더군요. 소원을 비는 모습을 보고는 다음 날 저녁에 물어보았습니다.

엄마 어제 숫자가 겹치는 날이라고 소원을 빌었잖아? 무슨 소원을 빌었어?
준 영원히 살게 해달라고 빌었어요.
엄마 아. 이번에도 그 소원을 빌었구나. 그럼 이 그림책의 주인공이 '죽음'일 거라고 생각했어?
준 주인공인 '나'가 죽음일 거라고는 생각 못 했어요. 보통 죽음을 의미하는 사람들은 검은색 옷을 입잖아요? 머리에 꽃을 꽂은 예쁜 소녀의 모습이라서 의외였어요.
엄마 '죽음'이 하는 말을 들으니 어떤 생각이 들어?
연 '죽음' 하면 막연히 사람의 죽음에만 한정해서 생각했는데, 이 그림책을 읽고 나서는 작은 생명체 하나하나의 죽음에 대해서도 생각해보게 되었어요.

죽음 이후에 대해서도 물어보았습니다. 믿는 종교가 따로 없어서 사후세계는 없다고 잘라 말하네요.

엄마 죽으면 끝이라고 생각해, 아니면 사후세계가 있을 거라고 생각해? 죽음 이후에도 무언가 연결되는 게 있을까?

준 저는 죽으면 끝이라고 생각해요. 그래서 저는 귀신은 존재하지 않는다고 봐요.

얼마 전에 읽었던 SF소설이 떠올랐습니다. 영원히 살 수 있는 약이 개발되었는데, 이 약을 먹는 사람들도 있었지만 먹지 않겠다고 선택한 사람들도 있었습니다. 그 사람들은 도시 외곽에 따로 자기들만의 거주지를 만들어서 살아가고 있었지요. 아이들은 과연 영원히 살 수 있는 약을 선택하겠다고 말할까요? 궁금해서 물어보았습니다.

엄마 만약 앞으로 죽지 않고 살 수 있다면 그 길을 선택할 거야?

준 엄마는 어떠세요?

오, 허를 찔렸습니다. 다시 되묻다니요.

엄마 글쎄. 삶은 유한하기 때문에 지금 하는 일과 경험이 소중하다고 느끼는 것일 텐데, 만약 죽지 않게 된다면 그 느낌이 훨씬 덜해지겠지? 끝이 있다고 생각하니까 더 열심히 사는 게 아닐까 싶어. 그래서 엄마는 영원히 사는 건 선택하지 않고 싶어. 하지만 내가 좋아하는 사람들, 관심 있는 대상들이 어떻게 변화하는지 보고 싶으니까, 수명이 조금 늘어나는 건 좋을 것 같아.

준   그러세요? 전 아직까지는 죽지 않고 영원히 살 수 있다면 선택하고 싶어요.

앗. 그래도 성인이 되면 독립해서 살아야 한다. 알겠지?

> **함께 읽으면 좋은 책**

> "나는 죽음이에요.
> 삶이 삶인 것처럼 죽음은 그냥 죽음이지요."
>
> 『나는 죽음이에요』 중에서
> (엘리자베스 헬란 라슨 글·마린 슈나이더 그림·장미경 옮김·마루벌)

　죽음을 주제로 하는 그림책은 상당히 많습니다. 할머니나 할아버지와 같은 가족의 죽음을 다루고 있거나 죽음의 의미를 설명해주는 책도 있습니다. 평소에 아이들과 죽음에 대해서 대화를 나누기가 쉽지 않은데요. 다음에 소개하고 있는 그림책을 아이와 함께 읽으면서 삶에서 죽음으로 가는 과정에 대해 생각해보는 시간을 가져보면 어떨까요? 일상적으로 살아가는 하루의 삶이 더욱 값지게 다가오는 계기가 될 수도 있습니다.

『잠자는 할머니』
로베르토 파르메지아니 지음·주앙 바즈 드 카르발류 그림
이순영 옮김·북극곰

삶의 마지막 순간을 맞이한 할머니의 모습을 담은 그림책입니다. 할머니는 기억을 잃어가다가 결국 깊은 잠이 들고 맙니다. 손자는 할머니가 아픈 것이 아니라 꿈을 꾸고 있다고 상상합니다. 할머니는 깨어 있을 때처럼, 꿈속에서 레모네이드를 마시고 빵을 만들고 바다를 헤엄칩니다. 손자는 할머니가 멋진 왕자님이 나타나 입맞춤으로 깨울 때까지 잠을 자며 꿈을 꾸는 것이라고 생각합니다.

『내가 함께 있을게』

볼프 에를브루흐 글/그림
김경연 옮김 · 웅진주니어

죽음에 대한 사유와 성찰을 담고 있는 그림책입니다. 얼마 전부터 오리는 느낌이 이상했습니다. 뒤돌아보니 해골이 있었고, 자신을 죽음이라고 소개합니다. 오리는 놀라지만, 죽음은 만일을 대비해 옆에 있는 거라고 말합니다. 그때부터 오리는 죽음과 연못을 가고, 나무에 올라가기도 하며, 죽음 이후의 세계에 대해 이야기하기도 합니다. 오리는 죽음과 함께 잠이 들고 아침에 깨어나 살아 있음을 기뻐합니다. 이 그림책은 천천히, 그리고 자연스럽게 삶에서 죽음으로 옮겨 가는 과정을 담담하게 그려냅니다. 철학적인 질문을 잔뜩 던지며 말이지요. 사실 죽음은 항상 우리 곁에 있습니다.

『무릎 딱지』

샤를로트 문드리크 글 · 올리비에 탈레크 그림
이경혜 옮김 · 한울림어린이

엄마의 죽음 그 이후를 받아들이는 아이의 마음 때문에 눈물을 쏟고 만 그림책입니다. 아이는 엄마의 냄새를 붙잡기 위해 문을 꽁꽁 닫고, 엄마의 목소리를 떠올리기 위해 무릎 딱지를 떼어냅니다. 슬픈 어른들을 어떻게 돌볼지 고민하는 아이를 보며 가슴이 아픕니다. 슬픔을 받아들이는 일은 누구에게나 힘들지만, 그만큼 시간과 과정을 차근차근 밟아갈 필요가 있다는 사실을 깨닫습니다.

엄마의 책읽기

"내게 남은 시간을 알게 된다면"

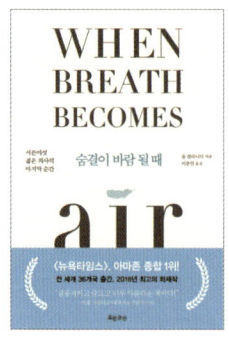

『숨결이 바람 될 때』
폴 칼라니티 지음 · 이종인 옮김 · 흐름출판

몇 해 전 봄에 운전을 하며 집으로 돌아가던 길이었습니다. 마침 봄꽃이 화사한 색을 뽐내고 있어서 봄날의 경치를 만끽할 수 있었습니다. 창밖 풍경을 감탄하며 바라보다가, 갑자기 이런 생각이 들더군요. '내가 세상에 더 이상 존재하지 않아도 저 밖의 풍경은 변함없이 이어지겠지.' 그 순간 가슴이 먹먹해졌습니다.

아버지가 돌아가신 후, 종종 죽음에 대해 생각합니다. 평소에 우리는 죽음을 생각하고 준비하는 시간을 충분히 갖지 못합니다. 문화적으로도 죽음을 입에 담는 것을 금기시하지요. 하지만 인간은 누구나 노화의 과정을 거쳐 쇠락해갑니다. 누구도 죽음을 피할 수 없기 때문에 살아 있는 동안 어떤 삶을 살고 어떻게 죽음을 맞이할 것인지 생각해보곤 합니다.

'인간은 모두 언젠가는 죽는다'라는 명제는 역설적으로 인간에게 유한한 삶은 선물이며, 생을 살아가는 동안 사소하지만 의미 있는 성취를 이루어야 함을 깨닫게 합니다. 그렇다고 특별한 일을 하기보다는 하루하루의 삶을 충실히 살아가고 싶습니다. 삶의 우선순위를 정하는 것도 심사숙고하게 됩니다. 말기 환자를 돌보는 간호사가 임종이 가까운 환자들에게 삶을 되돌아볼 때 가장 후회되는 일이 무엇인지 묻자, 대부분은 '하지 못한 일'을 후회했다고 합니다. 죽기 전에 꼭 해야 하는 소원 목록인 버킷리스트(The Bucket List)를 작성하는 사람도 늘어나고 있습니다.

폴 칼라니티의 『숨결이 바람 될 때』는 남은 시간이 더없이 소중하다는 사실을 느끼게 해주는 책입니다. 이 책은 36세의 유능한 신경외과였던 폴 칼라니티가 말기 폐암을 진단받고 투병한 과정을 담담하게 적은 책입니다. 저자는 투병 생활을 하면서, 자신이 의사로서 환자에게 했던 말을 이제 환자가 되어 다시 곱씹어봅니다. 인간은 모두 죽는다는 사실을 겸허히 받아들이게 해주는 이 책은 죽음을 앞둔 삶에 대한 성찰과 그 치열함을 느끼게 합니다.

그는 폐암 4기 진단을 받은 후, 언제 죽을지 정확히 알 수 없지만 남은 삶을 계속 살아가기로 마음먹습니다. 그리고 수술실로 복귀하여 엄청난 업무량을 소화합니다. 폴은 아내와 합의하여 어려운 결정을 내립니다. 아기를 낳기로 결심했는데요. 아내 루시는 임신에 성공하지만, 그는 레지던트 수료를 앞두고 암이 급속도로 악화되어 의사의 길을 포기합니다. 딸이 태어난 지 8개월 후, 그는 소생 치료를 거부하고 맑은 정신으로 사랑하는 가족들 품에서 숨을 거둡니다.

폴은 앞으로 자라날 아이에게 "네가 어떻게 살아왔는지, 무슨 일을 했는지, 세상에 어떤 의미 있는 일을 했는지 설명해야 하는 순간이 온다면, 바라건대 죽어가는 아빠의 나날을 네가 충만한 기쁨으로 채워줬음을 빼놓지 말았으면 좋겠구나. 그건 아빠가 평생 느껴보지 못한 기쁨이었고, 그로 인해 아빠는 이제 더 많은 것을 바라지 않고 만족하며 편히 쉴 수 있게 되었다"고 전합니다.

저자는 자신에게 남은 시간이 얼마인지 알게 된다면 앞으로 할 일이 분명해질 거라고 말합니다. 석 달이 남았다면 가족과 함께 시간을 보내고, 1년이 남았다면 책을 쓸 것이며, 10년이 남았다면 의사로서의 삶을 살겠다고 말합니다. 만약 여러분은 이와 같은 질문을 받는다면 어떻게 답할 건가요?

이 책을 읽으며 제게 남은 시간이 얼마 없다면 무엇을 해야 할까 진지하게 생각해보았는데, 나 자신에 관한 일들을 정리하는 데 집중하고 싶습니다. 그리고 들려주고 싶거나 남기고 싶은 이야기들을 정리해 아이들에게 전해주고 싶습니다. 그러고도 남은 시간이 있다면 아직 읽지 못해 마음에 걸리는 책을 읽겠습니다.

03

사랑이란 어떤 감정일까?

『100만 번 산 고양이』
사노 요코 글/그림 · 김난주 옮김 · 비룡소

준서는 어릴 적부터 언어 감각이 남다른 편이었습니다. 아이답지 않거나 전혀 예상하지 못한 말을 해서 저를 놀라게 한 적도 여러 번 있었지요. 게다가 감정 표현을 어찌나 거침없이 하는지 걱정되기도 했습니다. 아이가 여섯 살 때의 일입니다. 마을에 어린이집을 같이 다니는 또래 친구가 있었습니다. 그 친구에게는 동갑인 여자 사촌 지민(가명)이가 있었고, 몇 번 놀러 온 걸 본 적이 있었던지라 저희 아이들과는 얼굴을 아는 정도였습니다.

어느 토요일 오후, 주말이라서 지민이가 놀러 왔던 모양입니다. 아이들은 친구네 집에 내려가던 길이었는데 올라오던 지민이와 마주쳤습니다. 그때, 생각지도 못한 일이 일어났습니다. 준서가 길에서 마주친 지민에게 대뜸 "나랑 결혼할래?"라고 물은 것입니다. 같이 놀아본 적도 없고 두세 번 마주친 게 다였는데 말이죠. 지민은 그 말을 듣고 순간 얼굴이 굳어졌습니다. 그리고 큰 소리로 울기 시작했습니다. 전혀 예상하지 못한 반응이었습니다. 게다가 왜 우는지 이유를 알 수 없어 당황스러웠습니다. 그런데 성연이가 그 순간, 지민에게 작은 목소리로 "그럼, 난 어때?"라고 말하는 소리를 듣고 말았습니다. 도대체 이 아이들은 왜 이러는 것일까요? 저는 그 광경을 뒤에서 지켜보며 참으로 어이가 없었습니다.

그날 밤 저는 아이에게 진지하게 물어봐야겠다고 생각했습니다. "낮에 지민에게 했던 말, 그거 진짜야?"라고 물으니 "네, 그럼요"라고 자신 있게 답합니다. 어허, 이놈 봐라. 그러면서 덧붙인 말에 저는 더욱 기가 막혔습니다. "예전엔 엄마를 사랑했지만, 지금은 제 여자 친구인 지민이를 더 사랑해요"라네요. 뭐라고? 어른들이 말하던, 아들 낳아봤자 소용없다는 말이 정녕 이런 느낌일까요? 아이의 대답에 저는 집요하게 물고 늘어졌습니다. 유치하기 이를 데 없다는 걸 알고 있었지만 이대로 물러설 수는 없다고 생각했습니다. "결혼하면 우리 집을 나가 독립해서 살아야 하는데 괜찮겠어?" 그 전까지만 해도 흔들림이 없던 아이는 고민하는 눈치였습니다. 몇 분 동안 고민하더니 이윽고 하는 말은 "그냥 집으로 들어와서 같이 살면 안 되나요?"였습니다. '이런, 그래, 내가 졌다' 싶었습니다. 과연 여섯 살 아이가 생각하는 사랑의 감정은 어떤 것이었을까요? '여자 친구'라는 단어를 또박또박 말하는 아이에게 외치고 싶었습니다. "네가 사랑을 알아?"라고 말이지요.

아이들과 사랑에 대해 이야기해보기 위해 고른 책이 사노 요코의 『100만 번 산 고양이』입니다. 사노 요코의 에세이를 참 좋아하는데, 이 그림책 역시 언제 읽어도 좋습니다. 내용도 좋지만 특히 고양이가 주인공이라서 저도, 아이들도 좋아하는 그림책입니다. 이 책은 사랑이라는 주제 말고도 나답게 산다는 것에 대해서, 혹은 죽음에 대한 애도와 슬픔 등에 대해서도 이야기 나눌 수 있습니다. 이 그림책의 주인공은 100만 번이나 살고 100만 번이나 죽은 얼룩 고양이입니다. 100만 명의 주인이 이 고양이의 죽음을 슬퍼했지만 자신만을 사랑했던 고양이는 아무렇지 않습니다. 그러던 고양이는 흰 고양이를 만나서 진짜 사랑을 하게 되었습니다. 흰 고양이가 죽자 고양이는 100만 번을 울고는 더 이상 태어나지 않습니다. 삶이란 진정한 사랑을 나누는 것이라는 진실을 전해주는 그림책입니다.

고양이가 다시 태어나고 싶지 않았던 이유는 무엇일까요? 다시 태어나고 싶지 않을 정도로 후회 없는 삶을 살았기 때문일 수도 있고, 뒤늦게 사랑을 느끼게 된 흰 고양이를 잃자 다시는 슬픔을 겪고 싶지 않았기 때문일 수도 있습니다. 저자는 100만 번 산 고양이를 통해 사랑의 진정한 의미를 들려줍니다. 얼룩 고양이는 주인들에게서 보살핌만 받고 스스로 누군가를 보살피거나 돌보아주지 않았습니다. 하지만 스스로 흰 고양이를 선택하고 사랑합니다.

아이가 사랑이 뭐냐고 물은 적이 있나요? 그 질문에 사랑은 뭐라고 답을 해주셨나요? 사실 사랑이 무엇이냐는 질문에 명확하게 답해주기란 쉽지 않습니다. 사랑이라는 말이 너무나 흔하고 당연하게 느껴지는 요즘에는 특별한 의미가 없어 보이기도 합니다. 하지만 사랑만큼 삶에서 중요한 것도 없겠지요. 개인마다 고유한 개성을 가지고 있듯이, 각자의 마음에 담긴 사랑 또한 모두 특별합니다. 어느 것 하나 똑같은 사랑이 없으며 자기만의 빛깔을 뿜어냅니다. 그림책을 읽으며 서로 사랑하고 사랑받으며 살아가야 한다고 다시금 생각해봅니다.

📖 엄마와 아이가 함께 읽고 나눈 생각 대화

사랑에 대해서 이야기를 나누자니 조금 막막한 생각이 들었습니다. 사랑이라는 감정의 범위를 어디까지 이야기해야 할까 고민도 되었고요. 게다가 아이들이 초등학교 고학년이 되면서부터는 이성 간의 사랑을 다룬 내용을 피한다는 느낌도 받았습니다. 이번에는 그림책에 나온 내용을 중심으로 이야기해보기로 했습니다.

엄마 100만 명의 주인이 고양이를 귀여워하고 고양이가 죽었을 때는 울었는데, 고양이는 왜 단 한 번도 울지 않았을까?

준 고양이가 이전의 주인들을 싫어한 것 같아요. 자신이 싫어하는 주인들을 더 이상 안 만나도 되니까 울지 않았어요.

엄마 얼룩 고양이가 흰 고양이 앞에 가서 공중돌기를 세 번이나 하고 100만 번이나 죽어봤다고 말해도, 왜 흰 고양이는 별 반응이 없었을까?

준 잘난 척한다고 생각한 것 아닐까요?

연 내가 가진 것을 으스대거나 자랑하는 것으로 상대방의 마음을 얻을 수는 없다고 생각해요.

오, 멋진 생각인데요. 그럼 "상대방의 마음을 얻으려면 어떻게 해야 할까?"라고 물어보았습니다. 어려운 질문이지 않을까 싶었는데요. 아이는 잠시 생각하더니 "자신이 가진 것을 나누어줄 때 상대방의 마음을 얻을 수 있어요"라고 답했습니다. 이 대답을 들으며 모든 인간관계에 해당되는 말이라는 생각이 들었습니다.

엄마 흰 고양이가 죽자 고양이는 왜 100만 번이나 울었을까?

연 이전과 다르게 흰 고양이를 많이 사랑해서 슬퍼서 울었어요.

엄마 그럼, 얼룩 고양이가 두 번 다시 되살아나지 않은 이유는 뭐라고 생각해?

연 흰 고양이에게 자신이 줄 수 있는 사랑을 다 주어서 더 이상 태어나고 싶지 않다고 생각했어요.

자신이 줄 수 있는 사랑을 다 주었기 때문에 더 이상 태어나지 않았다는 아이의 말을 들으니, 문득 안도현 시인의 시가 떠올랐습니다. 「너에게 묻는다」에서 "연탄재 발로 차지 마라. 너는 한 번이라도 누구에게 뜨거운 사람이었느냐"라는 구절이 불현듯 생각났습니다. 누군가에게 뜨거운 사람이었다는 건 내가 줄 수 있는 사랑을 다 주었던 경험을 의미하겠지요.

> **함께 읽으면 좋은 책**

"제가 사랑하는 사람은 저를 별이라고 불러요.
자기 하늘에서 반짝이는 별."

『사랑한다는 걸 어떻게 알까요?』 중에서
(린 핀덴베르흐 글·카티예 페르메이레 그림·지명숙 옮김·고래이야기)

사랑이란 말은 너무 흔해서 익숙하게 다가오지만 그만큼 또 막연하게 느껴집니다. 사랑은 사람을 변화시키고 구원하기도 했다가 반대로 망가뜨리고 회복 불가능의 상태에 빠지게도 합니다. 사랑이라는 추상적 감정을 그림책에서는 구체화시켜 쉽게 이해할 수 있게 만들어줍니다. 사람과 사람 사이의 사랑뿐 아니라 자연, 동물에게까지 확장될 수 있는 폭넓은 주제입니다. 사랑 이야기를 들려주는 그림책을 읽으며 누구나 사랑받기 위해 태어났다는 말을 되새겨봅니다.

『사랑한다는 걸 어떻게 알까요?』
린 핀덴베르흐 글·카티예 페르메이레 그림
지명숙 옮김·고래이야기

누군가를 사랑하게 되면 어떻게 알게 되는지 묻는 코끼리의 질문에 돌멩이, 나무, 바다, 북극곰, 할머니, 여자아이는 각자 생각하는 사랑의 모습을 들려줍니다. 토닥토닥 해주는 것, 자신보다 더 행복하기를 바라는 것, 곁에 없는 누군가를 그리워하는 것, 한없는 용기를 갖게 해주는 것 등 저마다 사랑의 모습과 감정을 설명합니다.

『세상 끝에 있는 너에게』
고티에 다비드, 마리 꼬드리 글/그림
이경혜 옮김 • 모래알

먼 곳에 있지만 서로를 그리워하는 곰과 새의 사랑은 어른들만 이해하는 감정이 아닙니다. 아이들도 사랑과 우정은 물론, 그리움이나 두려움 같은 감정을 이해할 수 있습니다. 고난의 순간에도 절망하지 않고 꿋꿋이 나아가는 과정은 보는 이의 마음에 감동과 여운을 줍니다.

『나는 당신을 사랑하고 있어요』
미야니시 타츠야 글/그림 • 허경실 옮김 • 달리

티라노사우루스와 호말로케팔레 세 마리는 서로 친구가 됩니다. 그들은 티라노사우루스에게 매일같이 먹이를 구해주고, 그가 웃을 때마다 함께 기뻐했습니다. 서로 말은 통하지 않았지만 그들의 따뜻한 마음 덕분에 티라노사우루스는 행복해합니다. 티라노사우루스는 호말로케팔레를 따뜻하게 품어주고, 좋아하지 않는 빨간 열매도 웃으며 기쁘게 먹습니다. 겉으로 드러나는 모습이나 언어는 달랐지만 서로를 배려하고 사랑하는 마음은 같기 때문입니다.

> 엄마의 책읽기

"사랑은 배워야 하고, 행하는 것"

『사랑의 기술』
에리히 프롬 지음 · 황문수 옮김 · 문예출판사

사랑이란 어떤 감정일까요? 인간에게 가장 중요한 가치 중 하나는 사랑입니다. 그런데 사랑에 대한 생각은 사람마다 너무나 다르고, 감정과 행동 중 어떤 것이 더 중요한지에 대해서도 갈피를 잡기 어려울 때가 많습니다. 사랑에 대한 담론이 너무도 광범위해서 어떤 책을 참고해야 할지 모를 무렵, 큰 깨달음을 얻은 책이 있습니다. 바로 에리히 프롬의 『사랑의 기술』입니다.

이 책은 정신분석학적인 입장에서 사랑의 본질을 분석하고 있습니다. 사랑에 대한 핵심적인 메시지는 앞부분에 나오는데요. 이를 요약하자면, 사랑은 빠지는 것이 아니라 행하는 것이고, 누군가를 사랑한다는 것은 단순히 강렬한 감정만이 아니라 결의이고 판단이며 약속이라고 말합니다. 특히 사람들은 사랑에 대해 잘못된 생각을 가지고 있는데, 사랑은 다른 것과 마찬가지로 기술을 익혀야 한다고 주장합니다. 사람들이 사랑에 대해 가지는 세 가지 흔한 착각에 대한 설명을 읽는 순간, 머리를 한 대 얻어맞은 느낌이랄까요.

그중에서도 대부분의 사람들은 사랑의 문제를 사랑할 줄 아는 능력이 아닌 '사랑받는' 문제로 생각한다는 말이 가장 인상적이었습니다. 사람들은 사랑의 문제를 어떻게 하면 사랑받을 수 있는가, 어떻게 하면 사랑스러워지는가 하는 문제와 동일시한다고 합니다. 돌이켜보면 저 역시 어린 시절부터 어떻게 사랑받을 것인가에만 몰두했지, 어떻게 사랑을 줄 것인가에 대해서는 고민해본 적이 없었습니다. 이 사실을 깨닫고는 이렇게 기본적인 걸 왜 생각하지 못했을까 의아해졌습니다.

에리히 프롬은 사랑은 배워야 하는 것이고, 행하는 것이라고 말합니다. 사람들은 흔히 사랑은 배울 필요가 없다고 착각하는데, 대상만 있으면 사랑을 할 수 있으며 사랑에 빠지면 지속 가능하다고 여기기 때문입니다. 하지만 사랑은 할 줄 아는 능력의 문제이며, 사랑이 지속되려면 사랑에 빠지는 것보다 더 큰 노력이 필요합니다. 그동안 중요한 사실을 놓치며 살아왔다는 생각이 들었습니다. 사랑할 대상을 발견하는 것보다 중요한 건 사랑을 행하는 것입니다.

따라서 사랑은 수동적인 것이 아니라 자신의 결단으로 참여하는 능동적인 활동입니다. 그런 점에서 사랑은 주는 것인데, 특히 많이 가진 자가 부자가 아니라 많이 주는 자가 부자라는 말이 큰 울림을 줍니다. 이 책을 읽으면서 저는 사랑하는 사람들에게 무엇을 줄 수 있을까 생각했습니다. 프롬은 자신의 기쁨, 관심, 이해, 지식 등을 줄 수 있다고 말합니다. 우리는 나를 이루고 있는 생명을 나누어줌으로써 타인을 풍요롭게 만들고, 자신의 생동감을 고양함으로써 타인의 생동감을 고양할 수 있습니다.

04

내 마음대로 그려도 돼요?

『피카소의 엉뚱한 바지』
니콜라스 앨런 글/그림 · 홍연미 옮김 · 웅진주니어

아이가 다섯 살 때의 일입니다. 이전에는 그러지 않았는데, 갑자기 빨간색으로만 그림을 그리기 시작했습니다. 심지어 옷도 빨간색이 아니면 입지 않았습니다. 그림이야 그럴 수 있다지만, 빨간 옷만 입으려고 하니 몇 개 되지 않는 빨간색 옷을 매일 빨아 말리기가 쉽지 않았습니다. 한편으로는 걱정스럽고, 한편으로는 왜 그러는 걸까 궁금했습니다. 관련된 책을 찾아 읽어보니, 의외로 한 가지 색으로만 그림을 그리는 아이들의 사례가 많더군요. 예를 들어 검정만 사용해서 그림을 그리는 남자아이의 사례가 소개되어 있었는데, 억지로 막지는 말라고 조언하더군요. 처음에는 심각한 일인가 싶어 상담을 받으러 갈까 고민했는데, 그냥 내버려두는 편이 낫겠다고 생각했습니다. 빨래야 밤에 해서 말리면 되니까요. 아니나 다를까, 다음 해가 되자 언제 그랬냐는 듯이 빨간색으로만 그림을 그리고 빨간 옷만 고집하던 시기는 지나갔습니다.

저는 안전하지 않거나 다른 사람에게 피해를 주는 경우가 아니라면 아이들이 하고 싶은 대로 허용해주는 편입니다. 각자의 육아 방식이 있으므로 특정한 방식이 더 낫다거나 좋지 않다고 말하는 건 아닙니다. 아이는 저마다 타고난 성향이 있고, 언젠가는 자라서 독립적인 존재가 되겠지요. 저는 아이들이 어떤 일을 하고 누구와 함께 있으면 즐거워지는지 아는 사람으로 자랐으면 좋겠습니다.

한 가지 색으로만 그림을 그려도 괜찮은지 궁금해서 이런저런 그림책을 찾아보다가, 니콜라스 앨런의 『피카소의 엉뚱한 바지』를 읽게 되었습니다. 책의 맨 앞에 실린 "내가 그림을 잘 그리기는 하지만 피카소만큼은 안 된다고 하시던 우리 어머니께"라는 말이 눈에 띕니다. 저자는 어머니에게서 그림을 잘 그려도 피카소만큼은 되지 않을 거라는 말을 듣고 몹시도 속상했나 봅니다. 짧은 글만 읽고도 뜨끔합니다. 저도 비슷한 말을 아이에게 한 적이 있었거든요. 아이의 성장 가능성에 한계를 짓는 말은 하지 말아야겠습니다.

이 책은 피카소가 어떻게 그림을 그리게 되었는지 이야기하고 있습니다. 피카소는 젊은 시절에 파리로 가서 그림을 그리고 싶어 했습니다. 하지만 아버지는 절대로 안 된다고 합니다. 아버지의 반대에도 피카소는 파리로 가서 그림을 그립니다. 푸른색이 좋았던 피카소는 모든 그림을 푸른색으로 그리기로 결심합니다. 실제로 파란색으로만 그린 그림도 있습니다. 그런데 사람들은 모두 안 된다고 말했습니다. 하지만 그는 파란색으로만, 또는 붉은색으로만 그리기도 하였습니다.

피카소가 얼굴의 앞모습과 옆모습을 한꺼번에 그리려고 하니, 사람들은 안 된다고 말립니다. 하지만 그는 자기 뜻대로 얼굴의 앞모습과 옆모습을 한꺼번에 그렸습니다. 이후 피카소는 서양에서 가장 그림을 빨리 그리는 화가가 되었습니다. 사람들은 30초 만에 그릴 수 없다고 말하지만, 그는 할 수 있다고 말합니다. 그는 실제로 30초 만에 그림을 그려냅니다. 얼마 지나지 않아 피카소는 세계에서 가장 유명한 화가가 되었습니다. 피카소는 어릴 때부터 주변 사람들이 "절대 안 돼"라고 말할 때도 "할 수 있어"라고 하던 아이였습니다. 피카소가 현대 미술의 거장이라고 불리게 된 비결 역시 이런 긍정의 힘이 아니었을까 싶네요. 물론 피카소니까 "안 돼"라고 말해도 "할 수 있어"라고 말할 수도 있었겠지요. 말로만 하고 싶다고 할 게 아니고 본인이 얼마나 간절히 원하느냐를 판단 기준으로 삼아야겠습니다.

영화 「기생충」의 봉준호 감독이 아카데미 시상식에서 말해서 화제가 된 구절이 있습니다. "가장 개인적인 것이 가장 창의적인 것이다"라는 마틴 스콜세지 감독의 말을 인용한 표현이었습니다. 창작하는 예술가는 반드시 자신만의 소신과 세계가 있어야 한다고 생각합니다. 한 가지 색깔로 그림을 그리는 이야기와는 거리가 먼 내용일 수도 있지만 말입니다. 다른 사람이 어떻게 생각하느냐에 휘둘리기보다는 내가 원하는 방향을 찾는 게 중요하지 않을까요? 실수도 하고, 길을 잃어 헤매더라도요.

하지만 막상 다른 사람들이 안 된다고 할 때, 아이들에게 "네가 하고 싶은 대로 해보렴"이라고 자신있게 말할 수 있을지 모르겠네요. 일단 "안 돼"라는 말부터 줄여야겠습니다.

📖 엄마와 아이가 함께 읽고 나눈 생각 대화

빨간색 옷만 입고 빨간색으로 그림을 그리던 시기에 대해 먼저 이야기를 나누어보았습니다.

엄마   빨간색으로만 그림 그리던 때 기억나?

준   네. 그때 얼마나 빨간색을 좋아했던지 모든 걸 다 빨간색으로 그렸어요. 만약 사람 옷이 소매는 빨갛고 몸통은 파랗다면 팔로 몸을 감싸는 식으로 그림을 그려서 빨간색만으로 그리려고 했던 기억이 나요.

엄마   그때 왜 빨간색으로만 그림을 그렸어?

| 준 | 저도 잘 모르겠어요. 그냥 빨간색이 좋았어요.
| 엄마 | 이 책에서 피카소가 모든 그림을 푸른색으로 그리겠다고 할 때 사람들은 왜 안 된다고 말했을까?
| 준 | 옛날에는 어떤 색은 사람들을 불안하게 만든다고 여겼대요. 파란색은 사람을 우울하게 만들어서이지 않을까요?
| 엄마 | 그래? 그럴 수도 있겠네.

그림을 빨리 그리는 것에 대해서도 이야기를 나누었습니다.

| 엄마 | 피카소는 서양에서 가장 그림을 빨리 그리는 화가가 되었대. 사람들은 그림을 30초 만에 그릴 수 없다고 했지만, 피카소는 30초 안에 그림을 그렸다고 해. 너는 30초 안에 그림을 그릴 수 있어?
| 연 | 그럼요. 그릴 수 있어요.
| 엄마 | 그래, 그럼 뭘 그려볼래?
| 연 | 뭐든지 다 그릴 수 있어요.

30초 알람을 맞추어두고 그림을 그려보게 했어요. 처음에는 에펠탑을, 다음에는 잠옷을 그려보았는데 모두 30초 안에 그럴듯한 그림이 되었네요.

아이와 이야기를 나누면서 생각지도 못하는 답을 내놓을 때 놀라움을 느낍니다. 아이들의 상상력은 한계가 없습니다. 그러니 되도록 어릴 때 아이의 상상력을 키워줄 수 있으면 좋겠습니다. 아이들은 보이지 않는 것을 상상하고 이를 표현해내기도 합니다. 종이 몇 장, 긴 막대 한두 개만으로도 과거나 미래로 시간 여행을 떠나기도 하고 다양한 상황을 표현해내기도 하지요.

> 함께 읽으면 좋은 책

"어떤 것이라도 좋으니 한번 시작해보렴.
그냥 네가 하고 싶은 대로 해봐."

『점』 중에서
(피터 H. 레이놀즈 글/그림 · 김지효 옮김 · 문학동네)

 창의력은 정해진 틀과 규칙을 따르기보다는 내면의 생각을 자유롭게 표현할 때 발휘됩니다. 아이들의 상상력은 한계가 없습니다. 어릴 적에는 눈에 보이지 않는 것을 마음껏 상상하고 이를 표현해보는 경험이 중요합니다. 자신감을 가지고 그림을 그릴 수 있도록 도와주는 그림책을 소개해봅니다.

『점』
피터 H. 레이놀즈 글/그림
김지효 옮김 · 문학동네

 베티는 미술 시간에 무엇을 그려야 할지 몰라 힘듭니다. 선생님은 무엇이든 좋으니 하고 싶은 대로 해보라고 합니다. 베티는 연필로 하얀 도화지 위에 점을 찍습니다. 다음 미술 시간에 베티는 깜짝 놀랍니다. 베티의 그림이 금테 액자에 멋지게 끼워져 걸려 있었기 때문입니다. 자신감을 얻은 베티는 물감을 꺼내 새로운 점을 그리기 시작합니다. 물감을 혼합해 새로운 색깔을 만들기도 하고, 표현 방법을 생각해내기도 합니다. 베티는 자신이 그린 점 그림들을 모아 전시회를 열기에 이릅니다.

『이상한 화요일』
데이비드 위즈너 글/그림 • 비룡소

글자가 없는 그림책입니다. 아이들은 글자가 없어도 그림을 보며 상상력을 발휘할 수 있습니다. 화요일 저녁 8시쯤, 이상한 일이 일어납니다. 개구리들이 연잎을 타고 공중을 날기 시작한 것이지요. 책을 보며 아이들은 신나는 환상에 빠질 수 있습니다. 다음 주 화요일에는 돼지들이 날면서 어떤 일이 벌어졌을까 물어보면 어떨까요?

『우로마』
차오원쉬엔 지음 • 이수지 그림
신순항 옮김 • 책읽는곰

아빠는 어릴 적부터 화가가 되고 싶었습니다. 하지만 결국에는 포목점 주인이 되었지요. 그는 자신이 못다 이룬 꿈을 어린 딸 우로가 대신 이뤄주길 바랍니다. 아빠는 이름난 화가를 모셔 와 딸에게 그림을 가르칩니다. 그러던 어느 날, 아빠는 우로에게 자화상을 그려보라고 합니다. 우로는 처음 그림을 그렸을 때처럼 모든 것을 잊고 그림을 그리기 시작합니다. 누군가에게 인정받기 위해서가 아니라 오롯이 그리는 행위 자체에 몰두해서 말입니다.

엄마의 책읽기

"내면에 잠재되어 있는 창조성 찾기"

『아티스트 웨이』
줄리아 카메론 지음 • 임지호 옮김 • 경당

인간의 창조성은 타고나는 걸까요, 길러낼 수 있는 것일까요? 대부분의 사람들은 타고난다고 생각할 텐데, 훈련을 통해 창의성을 길러낼 수 있다고 생각하는 사람도 있습니다. 줄리아 카메론은 『아티스트 웨이』에서 창의성을 훈련하는 방법을 구체적으로 제시하고 있습니다. 줄리아 카메론은 소설가, 시인, 시나리오 작가이자 영화감독이기도 합니다. 그녀는 내면의 예술적 창조성을 자신이 어떻게 발견하고 훈련했는지 알려줍니다. 저자가 창조성 회복 프로그램을 위해 두 가지 실천 과제로 제시하는 것이 바로 '모닝 페이지'와 '아티스트 데이트'입니다.

'모닝 페이지'란 매일 아침 눈뜨자마자 머릿속에 떠오르는 생각을 세 쪽에 걸쳐 자유롭게 적는 활동입니다. 이를 통해 내면의 솔직한 목소리에 귀 기울이게 됩니다. 모닝 페이지는 우리를 절망에서 벗어나게 하고, 꿈에도 생각지 못했던 해결책을 알려주기도 합니다. '아티스트 데이트'는 오로지 자신만을 위해 좋아하는 일을 놀이처럼 즐기면서 어린아이 같은 내면의 아티스트를 키우는 일입니다. 특별한 일이 아니어도 되고, 자신을 위하는 일이라면 어떤 것도 괜찮습니다. 공원을 산책해도 좋고, 미술관을 가도 좋습니다. 결국 예술적인 창조성이란 무엇보다 '몸과 마음을 열고 그것을 감지해내서 표현하는' 일이라고 말합니다. 예술가가 아니더라도 이런 감각을 훈련하는 것은 삶을 더 풍요롭게 해줄 수 있습니다.

이 책의 장점은 실전 프로그램이 실려 있다는 점입니다. 창조성 훈련을 위한 12주에 걸친 과제가 구체적으로 소개되어 있습니다. 이 프로그램은 진짜 재능을 찾고 자신이 원하는 삶을 살아가도록 안내해줍니다. 몇 가지를 소개하자면, 2주차에는 정체성을 되찾는 것을 목표로 합니다. 창조적인 삶은 '관심'에서 시작됩니다. 살아 있다는 것은 올바른 정신을 지니고 있음을 의미하며, 이는 대상과 세계에 관심을 쏟는 일에서 시작합니다. 따라서 삶의 질은 기쁨을 맛보는 능력에 비례하고, 기쁨을 맛보는 능력은 관심을 갖는 일에서 비롯됩니다. 이 부분을 읽으면서 박웅현의 『여덟 단어』에 나온 '견(見)'이 떠올랐습니다. 단순히 보는 것이 아니라 관심을 가지고 바라볼 수 있어야 세상의 아름다움을 느낄 수 있습니다.

4주차에는 개성을 되찾는 일을 목표로 합니다. 이를 위해 삶이나 작품 활동이 지지부진하다는 느낌이 들면 일주일간 독서를 중단해도 좋다고 주장합니다. 채워 넣기만 하면 이를 온전히 나의 것으로 만들기 어려울 수 있으므로 내면화하는 시간을 충분히 가질 필요가 있습니다. 7주차에는 연대감을 회복하는 걸 목표로 합니다. 완벽주의라는 걸림돌에서 벗어나 질투의 감정을 창조적 에너지로 승화하는 연습을 합니다.

아이를 키우는 엄마라면 온전히 나만의 시간을 가지기가 쉽지 않습니다. 하지만 짧게라도 시간을 내서 아티스트 데이트를 위해 온전히 '나만의 시간'을 가져보면 어떨까요? 그림을 보러 가거나 전시를 볼 수도 있습니다. 멀리 외출하기가 어렵다면 집 안에서 잠시 음악을 듣거나 책을 읽을 수도 있습니다. 자신의 내면을 채워주는 경험에는 어떤 것이 있고, 나는 어떨 때 즐거움을 느끼는지 찾아보는 시간을 가지면 좋겠습니다.

05

내게 소중한 존재는 누구일까?

『어린 왕자』
앙투안 드 생텍쥐페리 지음 • 김화영 옮김 • 문학동네

아이가 어릴 적 했던 말 중에 유독 기억나는 것이 있습니다. 아이를 키워보았다면 다들 공감하겠지만, 아이들이 하는 말을 듣고 깜짝 놀랄 때가 한두 번이 아니지요. 생각지도 못해서 당황스러운 경우도 있지만, 어쩌면 이런 말을 할 수 있을까 대견했던 경우도 있습니다. 동네 어른들이 '언어의 마술사'라고 부를 만큼 준서의 언어 감각은 어렸을 때부터 남달랐습니다. 여섯 살 무렵에 있었던 일입니다. 어느

날 밤에 자려고 누웠는데, 아이가 제 귀에 대고 이렇게 말하더군요. "엄마는 100점 만점에 1,000점 엄마예요." 이 말을 들었을 때의 기분을 뭐라고 표현할 수 있을까요. 핫팩 열 장을 한꺼번에 가슴에 붙인 것 같은 느낌이라고 할까요. 아이가 예민하고 자주 아파서 힘들기도 했는데, 그동안의 어려움이 한순간에 사라지는 기분이었습니다. 엄마는 자신에게 소중한 사람이라는 말도 덧붙여주었습니다.

소중한 존재란 어떤 의미일까 생각하다가, 문득 『어린 왕자』가 떠올랐습니다. 이 책을 처음 읽은 건 중학생 때였습니다. 좋아했던 교생 선생님이 떠나면서 제게 이 책을 선물로 주시더군요. 감사한 마음에 책을 읽기 시작했는데 다 읽고 나서의 벅찬 느낌이 아직도 생생하게 기억납니다. 그날부터 종이에 어린 왕자의 모습을 그려 벽에 붙이기도 했었지요. 오랜만에 아이들과 함께 『어린 왕자』를 다시 읽어보면 좋겠다는 생각이 들어 책을 펴들었습니다.

생텍쥐페리가 이 소설을 쓰게 된 유래가 흥미롭습니다. 당시 뉴욕에 체류하고 있던 생텍쥐페리는 편집자와 저녁 식사를 하다가 냅킨에 낙서처럼 아이의 모습을 그렸다고 합니다. 그는 그림을 보고 크리스마스 전까지 이 아이를 소재로 동화를 쓰면 어떻겠냐고 제안했고, 생텍쥐페리가 이 소설을 쓰게 되는 결정적인 계기가 되었다고 합니다.

어린 왕자는 B-612라는 소행성에서 살고 있습니다. 어린 왕자가 하는 일은 바오바브나무의 싹을 캐거나 의자에 앉아 석양을 지켜보는 것뿐입니다. 가끔 화산을 청소하기도 하지요. 어린 왕자는 자신의 별에서 싹을 틔운 장미꽃과 다투고는 철새 무리를 이용해 이 별, 저 별을 방문합니다. 그가 처음으로 방문한 별의 주인은 늙은 왕이었습니다. 그는 자신이 살고 있는 작은 행성을 뒤덮을 정도로 긴 망토를 걸치고 있습니다. 자신의 눈에 보이는 사람은 누구든지 신하로 여기지만, 정작 주변에 이야기를 나눌 사람이 아무도 없어서 무척 외로워합니다. 두 번째 별의 주인공은 허영심 많은 남자입니다. 그는 멋진 옷과 모자를 차려입은 신사이지만 오직 자신을 찬양하는 말에만 반응하며, 박수를 받으면 모자를 들어 올리며 답례합니다.

 세 번째 별의 주인은 술주정뱅이로 언제나 술에 취해 있습니다. 어린 왕자가 술꾼에게 왜 술을 마시냐고 묻자, 그는 부끄러움을 잊기 위해서라고 대답합니다. 그래서 무엇이 부끄럽냐고 물었더니, 자신이 부끄러운 이유는 술을 먹기 때문이라고 말합니다. 이 대화는 아이들이 이해하기 어려운, 모순적인 어른들의 세계를 보여줍니다.

 네 번째 별의 주인은 사업가입니다. 그는 책상에 앉아서 자신이 소유한 별들을 끊임없이 세기만 합니다. 그 많은 별을 소유해서 무슨 도움이 되냐고 묻자, 사업가는 아무런 대답도 하지 못합니다.

 어린 왕자는 여러 별을 돌아다니다가 지구에 도착합니다. 사막에서 여우를 만나 이야기를 나누다가 별에 있는 장미꽃이 자신에게는 하나뿐인 소중한 존재임을 깨닫게 되지요. 여우는 세상에서 가장 어려운 일은 사람의 마음을 얻는 일이라고 설명합니다. "만약 네가 오후 4시에 온다면 3시부터 행복해지기 시작하고, 4시가 가까워지면 점점 더 행복해진다"고 말하지요. 서로를 길들이면 세상에서 단 하나뿐인 존재가 된다는 말을 이해하는지 아이들에게 물어보았더니, 의외로 잘 이해하고 있어서 신기했습니다.

『어린 왕자』의 이야기에는 소중한 관계에 대한 핵심적인 설명이 들어 있습니다. 중요한 것은 눈으로 볼 수 없고 마음으로 보아야 하며, 다른 대상과 관계를 맺을 때는 내 삶에 머물게 해야 한다는 것입니다. 소중하게 생각하는 사람과 관계를 맺으면서 자신의 존재를 확장시킬 수 있습니다. 왕자와 장미꽃의 관계는 이를 잘 보여줍니다. 어린 왕자는 지구에서 장미를 보며 이렇게 말합니다. "내 장미가 소중한 이유는 내가 물을 주고 바람막이로 바람을 막아주고 벌레를 잡아준 꽃이기 때문"이라고요. "불평을 들어주고, 허풍도 들어주고, 때로는 침묵까지도 들어준 꽃"이기도 합니다. 이런 관계를 맺어야 나에게 특별한 장미가 될 수 있겠지요. 수없이 많은 지구의 장미가 어린 왕자의 장미가 될 수 없는 것은 이런 이유에서입니다. 누군가와 특별한 관계가 되려면 마음과 정성을 다하고 공을 들여야 합니다. 아이들이 소중한 관계를 유지하려면 어떻게 해야 하는지 이 책을 통해 이해할 수 있으면 좋겠네요.

📖 엄마와 아이가 함께 읽고 나눈 생각 대화

책을 읽고 난 후, 소중한 존재는 어떤 존재이고 관계를 유지하기 위해서는 어떻게 해야 할지 이야기를 나누었습니다. 어린 왕자는 꽃을 위해 물을 주고 바람을 막아주고 벌레를 잡아주며 불평과 허풍도 들어주었는데, 이런 구체적인 방법을 떠올리는 것은 아직 어려웠나 봅니다. 그래도 특별한 존재에 대한 인식은 확실히 생긴 모양입니다.

엄마   어린 왕자는 왜 자신의 별로 돌아갔을까?
준   지구에도 예쁜 꽃들은 많지만 진짜로 자기가 좋아하는 꽃은 아니었기 때문이에요. 자신의 별에 있는 장미야말로 진짜 사랑하는 꽃이기 때문에 다시 자신의 별로 돌아갔어요.
엄마   여우가 말한 '길들이다'라는 말은 무슨 의미였을까?
준   어린 왕자는 여우에게 특별한 사람이고, 여우는 어린 왕자에게 특별한 존재라는 뜻이에요.
엄마   그럼, 이 책에서 말하는 눈에 보이지 않지만 소중한 존재들은 어떤 게 있을 것 같아?
연   눈에 보이지 않는 거요? 눈에 보이지 않아야 하는 거죠? 공기, 건강, 젊음 등이 떠올라요.

눈에 보이지 않는다는 걸 두 번씩이나 되물어봅니다. 눈에 보이지 않으면서도 소중한 걸 떠올리기가 어려워서일까요? 눈에 보이지 않고 마음으로 보아야 한다는 책의 구절을 이해하기란 쉽지 않나 봅니다. 그래서 관계로 바꾸어 질문을 해보았습니다.

엄마   그럼, 꽃과 어린 왕자처럼 너희에게 특별한 존재는 누가 있을까?

준　1순위는 가족이고요. 2순위는 친척? 3순위는 친구요.

오, 친척이 2순위라니 의외인데?

연　저도 가족, 친구가 떠올라요.
엄마　그럼 이들과 좋은 관계를 유지하기 위해서는 어떻게 해야 할까?
준　친하게 지내면서 친절하게 대해야 해요.

'친절하게 대한다'라는 만병통치약 같은 대답은 꾸준히 등장하는군요. "친절하게 대하려면 어떤 행동을 해야 하지?"라고 물어보려다가 그만두었습니다. 소중한 관계를 이어나가려면 좋은 일뿐만 아니라 힘든 일도 함께할 수 있어야 한다는 말을 언젠가는 해주어야겠습니다.

함께 읽으면 좋은 책

> "며칠 뒤, 곰씨는 토끼들 앞에서 그동안 말하지 못했던 속마음을 하나하나, 천천히 말했습니다."
>
> 『곰씨의 의자』 중에서
> (노인경 글/그림 · 문학동네)

누구나 관계에서 오는 기쁨과 어려움을 경험합니다. 가까운 관계일수록 관계를 유지하는 일이 더 어려울 수 있습니다. 관계에서 생기는 고통을 피할 수 없다면 이를 지혜롭게 조율해가면서 살아가야 합니다. 좋은 관계를 유지하는 방법이 정해져 있는 것은 아니므로 서로에게 맞는 방법을 찾아야 합니다. 관계에 대한 그림책 중 친구와의 거리에 초점을 맞추고 있는 책 몇 권을 소개해봅니다.

『큰 늑대 작은 늑대』
나딘 브룅코슴 글 · 올리비에 탈레크 그림
이주희 옮김 · 시공주니어

관계의 중요성을 보여주는 그림책입니다. 언덕 위에서 혼자 사는 큰 까만 늑대는 어느 날 저 멀리에서 파란 점이 가까이 다가오는 걸 깨닫습니다. '파란 늑대가 나보다 크면 어떻게 하지?'라고 걱정하다가 자신보다 작은 늑대라는 걸 깨닫고 안도합니다. 파란 작은 늑대와 친구가 된 까만 큰 늑대는 작은 늑대가 보이지 않자 그를 기다립니다. 잠도 자지 않고, 밥도 먹지 않고, 나무 타기도 하지 않고, 산책도 하지 않은 채 멀리서 다가오는 파란 점을 기다립니다.

『곰씨의 의자』

노인경 글/그림·문학동네

이 그림책의 주인공은 규칙적이고 조용한 생활을 즐기는 곰인 '곰씨'입니다. 어느 날, 커다란 배낭을 멘 토끼가 곰씨의 앞을 지나칩니다. 곰씨는 지쳐 보이는 토끼를 자신의 의자에 앉힙니다. 탐험가 토끼는 자신의 경험담을 들려주고, 곰씨는 몰랐던 세상 이야기를 듣고 토끼와 친구가 됩니다. 탐험가 토끼는 결혼하여 아이들을 낳고, 자연스레 곰씨에게는 더 많은 친구가 생깁니다. 하지만 곰씨의 기분이 계속 어두워집니다. 혼자 있는 것이 좋지만 또 외롭기는 싫은 현대인들의 심리를 반영하고 있습니다. 곰씨는 토끼가 있어 한편으로는 즐겁기도 하고 다른 한편으로는 괴롭기도 하지만, 그래도 토끼가 있어 성장해나갑니다.

『적당한 거리』

전소영 글/그림·달그림

화분의 식물이 싱그러운 이유를 묻자, 화자는 이렇게 대답합니다. 적당해서 그렇다고요. 모두 다름을 알아가고 그에 맞는 손길을 주는 것이 중요합니다. 식물도 모두 성격이 다릅니다. 물을 좋아하는 식물도 있고, 물이 적어도 잘 살아가는 식물도 있지요. 이와 마찬가지로 사람과 사람 사이의 관계도 모두 달라서 그에 맞는 손길을 건네야 합니다.

엄마의 책읽기

"소통의 전제조건은 열린 마음"

『자기 앞의 생』
에밀 아자르(로맹 가리) 지음 · 용경식 옮김 · 문학동네

엘리베이터가 없는 아파트 7층을 오르내려야 하는 육중한 몸을 가진 늙은 유태인 로자 아줌마와 열네 살짜리 아랍 소년 모모의 가슴 뭉클한 사랑 이야기입니다. 어느 날 모모는 하밀 할아버지에게 사람은 사랑 없이도 살 수 있냐고 묻습니다. 하밀 할아버지는 사랑 없이도 살 수 있다고 말하며 고개를 숙이고 마는데요. 하지만 이 책을 읽고 나면 알게 됩니다. 사람은 사랑 없이는 존재할 수 없다는 것을, 사

랑받고 사랑해줄 사람이 필요하다는 사실을 말이지요.

부모에게 버림받은 모모는 로자 아줌마와 함께 다른 아이들과 생활합니다. 로자 아줌마는 모모의 부모로부터 돈을 받고 모모를 키워주는데, 모모는 그 사실을 알고 난 후 절망합니다. 로자 아줌마가 자신을 사랑해서 돌봐준다고 생각했기 때문입니다. 아이들이 버려지는 이유는 창녀들이 아이를 낳고 기를 수 없어서입니다. 그렇게 버려진 아이들과 로자 아줌마는 가족처럼 함께 살아갑니다. 열네 살 모모의 눈을 통해 바라본 세상은 아름답지 못합니다. 부모에게 버려진 아이들이 경험하는 세계는 각박하고 모질 뿐이지요.

소설의 등장인물은 모두 사회적으로 소외된 인물입니다. 창녀, 창녀에게 버려진 아이들, 아프리카 이민자들, 아랍계 이민자들, 치매에 걸린 할아버지가 등장합니다. 그렇지만 이들은 모모와 따뜻하게 소통합니다. 모모는 로자 아줌마, 하밀 할아버지, 롤라 아줌마, 카츠 선생님, 나딘 아줌마를 통해 슬픔과 절망을 딛고 일어나기도 하고, 상처받은 삶을 보듬어나갈 수 있게 됩니다.

로자 아줌마는 병에 걸려 죽어가고, 이 모습을 지켜보는 모모는 두렵기만 합니다. 아픈 로자 아줌마에게 정성을 다하는 모모의 모습을 보며 깨닫는 게 많았습니다. '그래서'가 아니라 '그럼에도 불구하고' 살아갈 의미가 있는 삶과 세상에 대해 생각해보게 됩니다.

06

가치 있는 삶이란 무엇일까?

『나무를 심은 사람』

장 지오노 글 · 최수연 그림 · 김경온 옮김 · 두레

아버지는 매일 신문 스크랩을 일과로 삼았습니다. 날마다 스크랩한 기사를 파일로 정리했는데, 그중 한 가지는 미담이었습니다. 일생 동안 힘들게 모은 돈을 다른 사람을 위해 내놓는 내용의 기사를 매번 모으셨습니다. 어느 날은 왜 이렇게 미담을 모으는지 여쭤보았습니다. 선을 실천한 사람들의 이야기를 세상 사람들에게 전하고 싶다고 답하셨습니다. 아버지는 불우 이웃돕기 성금도 매년 기부하고, 형편

이 어려운 사람의 치료비를 보태기도 하였습니다. 제가 다른 사람을 위해 무언가를 해야겠다고 생각한 건 아이들을 낳아 기르면서부터 였습니다. 세상이 좋아지려면 내 아이뿐만 아니라 다른 아이들도 좋은 환경에서 자라야 한다는 사실을 깨달았기 때문입니다. 그러면서 다른 사람을 위해 할 수 있는 일은 무엇이 있을까 고민하기 시작했습니다.

이런 물음에 대해 이야기를 나누고 싶어서 아이들과 함께 장 지오노의 『나무를 심은 사람』을 읽어보았습니다. 1953년에 발표된 이 책은 지금까지도 전 세계적으로 널리 읽히고 있는데, 청소년들을 위한 정서 교육 및 환경 교육용 자료로도 많이 쓰인다고 합니다. 장 지오노는 자신의 체험을 바탕으로 이 글을 썼는데, 이 책을 읽고 큰 감동을 받은 프레데리크 백은 이 내용을 애니메이션으로 제작하여 아카데미 단편영화상을 받기도 했습니다. 저는 아이들과 함께 책을 읽은 후에 애니메이션도 보았습니다. 감동적인 결말과 따뜻한 색감이 잘 어울렸습니다.

어른을 위한 책으로도, 그림책으로도 출간된 『나무를 심은 사람』은 장 지오노가 프로방스의 고산지대를 여행하다가 홀로 묵묵히 나무를 심어 숲을 만드는 사람을 만나 느낀 감동을 그리고 있습니다. 여행 중에 마실 물이 떨어지고 잘 곳도 마땅치 않았던 주인공은 양치기 노인을 만납니다. 노인은 그를 자기 집으로 데려갑니다. 노인은 밤마다 도토리를 탁자 위에 쏟아놓고 골라낸 후에야 잠이 듭니다. 다음 날 호기심에 노인을 따라간 주인공은 그가 황무지에 도토리를 심고 있다는 사실을 알게 됩니다. 3년간 10만 개의 도토리를 심어 2만 그루의 싹이 났습니다. 그중 절반이 죽었지만 그는 매일 묵묵히 도토리를 심었습니다.

하지만 세상은 아귀다툼이 넘쳤고 사람들은 모든 것을 놓고 경쟁했습니다. 숯을 파는 일이나 교회에서 앉는 자리를 놓고도 경쟁을 멈추지 않았습니다. 자살은 전염병처럼 번졌고 정신병마저 유행하여 사람들이 목숨을 잃었습니다.

주인공은 10년 뒤 전쟁이 끝난 후에 그 마을을 다시 찾았습니다. 노인은 계속 나무를 심고 있었고, 어느새 자란 나무들은 숲을 이루었습니다. 어리석은 관리들이 이곳을 시찰하러 오가고, 또 한 번의 전쟁이 휩쓸고 간 이후에도 그는 나무를 심었습니다. 마을은 되살아났습니다. 건강한 남자와 여자, 밝은 웃음을 터뜨리며 시골 축제를 즐길 줄 아는 소년 소녀를 길에서 마주쳤습니다. 이전과는 몰라보게 달라진 옛 주민들과 새로 이주한 사람들까지 1만 명이 넘는 사람들이 노인 덕분에 행복하게 살아가고 있었습니다.

부피에 노인이 평생 대가를 바라지 않고 인내하면서 묵묵히 도토리를 심어 세상을 풍요롭게 하는 모습은 가치 있는 삶이란 무엇인지 고민해보게 합니다. 책을 읽으며, 내 삶에서 양치기 노인이 평생 묵묵히 심어온 도토리와 같은 것은 무엇일까 찾아보았습니다. 우리 아이들은 노인이 도토리를 심듯이 살아갈 수 있을까요?

📖 엄마와 아이가 함께 읽고 나눈 생각 대화

부피에 노인의 이야기가 감동적이어서, 이타성을 주제로 이야기를 나누어보았습니다. 아이들은 다른 사람을 위해 자신을 희생하거나 베푸는 삶을 어떻게 생각하는지 궁금했습니다.

엄마 주인공이 처음 본 마을은 어떤 모습이었지?
준 마을은 폐허와 같았고 먹고살기 힘들어서 거칠었어요. 먹을 것이 없어서 숯을 구워 먹기까지 했어요. 근데 숯은 어떻게 구워 먹었을까요? 숯을 먹을 수 있는 거예요?

　숯을 먹어본 적이 없는 아이들은 먹을 것이 없어 숯을 먹는다는 구절이 이상했나 봅니다. 사실 저도 나무뿌리를 먹었다는 말은 들었지만 숯을 먹었다는 말은 처음 들었습니다. 나라의 차이인 걸까요?

엄마 전쟁이 끝나고 갔을 때 마을은 어떻게 바뀌어 있었어?
연 숲이 우거졌고 사람들은 행복해 보였어요. 꽃과 나무가 가득한 곳으로 바뀌어 있었어요.
엄마 마을이 바뀌게 된 이유는 무엇이었을까?
준 양치기 할아버지가 땀을 뻘뻘 흘리며 도토리를 심어 나무가 자라 이렇게 변했어요.
엄마 부피에 할아버지가 몇십 년 동안 도토리를 심는 모습을 보면서 무엇을 느꼈어?

연   인간도 마음만 먹으면 하느님처럼(신처럼) 될 수 있다고 느꼈어요. 할아버지가 마을을 되살리기 위해서 도토리를 심는 모습이 대단해요.

엄마   부피에 할아버지처럼 어떠한 보상을 바라지 않고 다른 사람을 위해 일할 수 있을 것 같아? 그렇다면 어떤 일을 할 수 있을까?

준   (한숨을 쉬면서) 전 못 할 것 같아요.

엄마   왜 그렇게 생각해?

준   저는 그렇게까지 성실하지는 않아요.

엄마   아, 하지만 너무 일찍 포기하지는 말자. 네가 잘할 수 있는 일이 무언가는 있을 테니, 그게 뭔지 발견하면 그때 다시 이야기해보자. 그렇다면 가치 있는 삶이란 어떤 삶일까?

준   대가를 바라지 않고 남을 돕는 삶이에요.

엄마   그래? 그럼 위인전이나 네가 알고 있는 사람들 중 이렇게 가치 있는 삶을 살아가는 사람은 또 누가 있을까?

  아이들은 그동안 역사책에서 읽었던 여러 위인들을 떠올렸습니다. 희생과 헌신을 바탕으로 한 삶이나 다른 사람들의 병을 고쳐준 사람들을 떠올리며 물어보았는데, 아이들의 답변은 예상과 다르더군요.

연   김정호요. 잘못된 지도를 없애고 대동여지도를 만들었어요.

준 정조요. 갖가지 개혁으로 척신 세력을 억누르고 바른 정치를 펼쳤어요.

연 이순신요. 나라는 자신을 버렸지만 자신은 나라를 버리지 않고 끝까지 싸우다가 전사하셨기 때문이에요.

 대화를 나누면서 가치 있는 삶이란 대가를 바라지 않고 남을 돕는 일이란 말이 와 닿았습니다. 다른 사람에게 무엇을 나누어줄 수 있는지에 대해서도 생각해보았습니다. 꼭 물질적인 것만 나눌 수 있는 게 아니라면 다른 사람들의 삶을 풍요롭게 해줄 수 있는 무형의 것도 의미가 있겠지요. 다른 사람에게 줄 수 있고 나눌 수 있는 것이 무엇인지 고민해보고 실천하기 위해 노력해야겠습니다.

함께 읽으면 좋은 책

"그는 나무에 대해 누구보다 많이 알아.
그는 행복해질 수 있는 멋진 방법을 찾은 사람이야."

『나무를 심은 사람』 중에서
(장 지오노 글 · 최수연 그림 · 김경온 옮김 · 두레)

나이가 들어갈수록 함께 잘 사는 일의 중요성을 깨닫게 됩니다. 하지만 부의 쏠림 현상은 날이 갈수록 심해져 양극화 현상이 극대화되어가고 있습니다. 이럴수록 같이 살아가는 공동체의 일원으로서 무엇이 가치 있는 삶인지 고민해볼 필요가 있습니다. 나와 내 가족만을 위하는 일에서 벗어나 타인과 공동체를 위하는 사람의 이야기를 읽어야 하는 이유입니다. 누군가를 위해 아낌없이 마음을 내준 사람들의 이야기를 담은 그림책을 모아봤습니다.

『소피의 달빛 담요』
에일린 스피넬리 글 · 제인 다이어 그림
김홍숙 옮김 · 파란자전거

저자는 젊었을 때 하숙집에서 살았는데, 3층에 사는 젊은 엄마가 갓 태어난 아기에게 구멍이 난 낡은 담요를 덮어주는 것을 보았습니다. 새 담요를 사줄 돈이 없기 때문이었습니다. 그런 상황이 안타까웠던 저자는 이 일을 잊지 못해 아기에게 주고 싶었던 담요를 선물하는 마음으로 이 책을 썼다고 합니다. 소피는 아름다운 거미줄을 짜는 거미입니다. 하숙집 3층에 사는 젊은 여인을 제외하고는 소피의 멋진 작품에 관심을 가지는 사람은 없습니다. 젊은 여인은 곧 아이를 낳을 예정이라 아기의 털신과 스웨터를 뜨고 있습니다. 소피는 자신을 도와준 여인을 위해 생애 최고의 작품인 달빛 담요를 만듭니다.

『미스 럼피우스』
바버러 쿠니 글/그림 • 우미경 옮김 • 시공주니어

앨리스의 할아버지는 장식품을 만들고 그림을 그리는 예술가입니다. 앨리스는 밤마다 할아버지에게 세상 이야기를 듣습니다. 할아버지는 앨리스에게 세상을 좀 더 아름답게 만드는 일을 하라고 말합니다. 어른이 된 앨리스는 머나먼 열대의 섬도 가고, 정글도 지나가고, 사막을 횡단하기도 합니다. 여행을 마친 앨리스는 바닷가에 살 집을 마련합니다. 세상을 아름답게 만들어 후손들에게 물려주고 싶어서 마을 곳곳에 꽃씨를 뿌립니다.

『애너벨과 신기한 털실』
맥 바넷 글 • 존 클라센 그림
홍연미 옮김 • 길벗어린이

작고 추운 마을에 사는 애너벨은 갖가지 색의 털실이 들어 있는 조그만 상자를 발견합니다. 애너벨은 털실로 스웨터를 뜨고, 남은 털실로 강아지 마스에게도 옷을 떠줍니다. 친구들과 엄마, 아빠를 비롯한 모든 마을 사람들에게도 스웨터를 떠줍니다. 애너벨이 떠준 스웨터를 입은 사람들 때문에 칙칙해 보이던 마을은 어느새 알록달록하고 따뜻한 옷을 입은 마을로 변합니다.

　어느 날, 애너벨의 이야기를 듣고 찾아온 귀족이 엄청나게 많은 돈을 줄 테니 상자를 팔라고 하지만 애너벨은 팔지 않습니다. 귀족은 상자를 훔쳐 자신의 성으로 돌아가서 뚜껑을 열어보지만 상자는 텅 비어 있습니다. 귀족은 애너벨에게 저주를 퍼부으며 상자를 바다로 던져버리지만, 버려진 상자는 파도를 타고 다시 애너벨에게 돌아옵니다.

> 엄마의 책읽기

"타인을 향한 진심 어린 환대"

『단순한 진심』
조해진 지음 · 민음사

조해진 작가가 쓴 『단순한 진심』은 자신의 삶에 우연히 등장한 타인을 외면하지 않고 돌보아주었던 사람들에 대한 이야기입니다. 어릴 적 프랑스로 입양된 연극배우이자 극작가인 주인공 나나는 임신을 합니다. 배 속에 아이가 생기자, 나나는 자신의 근원과 정체성을 찾고 싶어 합니다. 그때 자신의 이야기를 다큐멘터리로 제작하고 싶다는 감독 서영의 메일을 받습니다.

나나는 1년 전에 전 세계의 한국인 입양아들이 한국에서 가족을 찾는 프로그램에 참여한 적이 있었습니다. 하지만 참가자 중에서 스티브와 나나는 가족을 찾지 못했습니다. 스티브는 남쪽 도시에 있는 노숙자 시설에 엄마가 방치되어 있다는 소식을 들었지만, 정신병에 걸려 아들을 낳았다는 사실을 기억조차 하지 못하는 엄마를 만날 용기가 나지 않았습니다. 이 방송을 보았던 서영은 나나에게 메일을 보내 한국에 올 것을 제안하고, 그녀는 이를 수락합니다. 나나는 어릴 적 기차의 철로에 버려진 자신을 발견하고 기차를 멈춘 기관사를 기억하고 있습니다. 그가 자신을 1년 동안 키우면서 '문주'라는 이름을 붙여주었다는 사실도요. 나나는 서영과 함께 기관사의 기록과 행적을 찾아갑니다.

나나는 묵고 있던 서영의 집 건물 1층에서 복희식당을 운영하는 추연희 할머니를 만납니다. 나나는 할머니와 이야기를 나누면서 어릴 적 기관사의 집에서 머물면서 먹었던 음식을 이야기합니다. 할머니는 그 음식이 수수부꾸미일 거라고 추측하고 만들어주는데, 나나는 할머니의 정성에 감동을 받습니다.

그리고 나나는 연희 할머니의 과거에 대해 듣게 됩니다. 복희식당의 이름은 할머니가 기지촌에서 보건소 간호사를 하며 출산을 도왔던 백복순의 딸 백복희에서 따온 것이라는 사실을 알게 됩니다. 18세에 기지촌으로 흘러들어 임신까지 한 복순의 출산을 돕고 아이의 두 번째 엄마가 되어 복희를 돌보았던 것이죠. 그녀는 기관사와 마찬가지로 타인을 기꺼이 받아들여 돌봄을 행하였습니다.

이 소설의 아름다움은 자신을 청량리 기차역 철로에 버렸다고 생각하며 평생 미워한 엄마에 대한 분노의 감정이 서서히 바뀌는 과정에 있습니다. 마찬가지로 자신을 철로에서 구하고 1년 후 프랑스로 입양 보낸 기관사에 대한 원망의 감정도 서서히 바뀌어갑니다. 프랑스 양부모인 앙리와 리사, 기관사와 추연희 할머니, 서영과 기관사의 딸 문경 역시 타인에게 진심을 담아 손을 내밀어준 사람들입니다. 문주와 복희는 이 세상에서 버려지고 상처받고 내쳐졌다고 생각해왔습니다. 하지만 누군가는 일면식도 없는 낯선 이에게 진심 어린 환대를 베풀어주기도 합니다.

이 소설을 읽다 보면 세상은 아직은 살 만한 곳이라고 믿고 싶어집니다. 이를 가능하게 하는 것은 도움이 필요한 사람에게 손을 내밀고 이름을 불러주는 일에서 시작됩니다. 작품을 읽었을 때의 따뜻함이 오랫동안 여운으로 남았습니다.

07

내가 아는 사실들은 모두 진실일까?

『그림자를 믿지 마!』
데이비드 허친스 글 · 바비 곰버트 그림 · 신동희 옮김 · 바다어린이

차를 타고 가다가 아이들과 스티븐 호킹 박사에 대해 이야기한 적이 있습니다. 호킹 박사는 55년간 루게릭병과 싸우다가 2018년도에 세상을 떠났는데, 아이는 스티븐 호킹 박사가 교통사고로 사망했다고 말하더군요. 처음 듣는 소리에 의아했습니다. 갸우뚱하는 저를 보더니 아이가 덧붙이더군요. "그래서 당시에 이런 신문 기사가 났어요. '루게릭병을 피해 이겨낸 스티븐 호킹이 자동차는 피하지 못했다'라

고요." 아이가 자신감에 찬 목소리로 이야기하니 정말 그런가 싶었습니다. 하지만 이상하다는 생각이 들어서 검색해보았더니 자택에서 사망했다는 기사가 있더군요. 아이에게 기사를 보여주자, 이상하다면서 자신은 정말 그런 기사를 읽은 적이 있다고 말했습니다. 저는 아이에게 무언가를 잘못 볼 수도 있고, 누구나 틀릴 수 있다고 말해주었습니다.

그동안 진실이라고 생각해왔던 것이 사실이 아님을 알고 놀란 경험은 누구에게나 있을 겁니다. 진실은 과연 무엇일까요? 흔히 눈에 보이는 게 전부는 아니라고 말합니다. 이 문제에 대해 일찍부터 고민했던 철학자가 있었습니다. 그리스의 철학자 플라톤은 『국가』에서 동굴 안과 밖의 세계를 설명합니다. 동굴 안의 세계는 현상의 세계로, 우리는 감각을 통해 대상을 인식합니다. 그런데 감각을 통해 우리에게 나타난 것은 '현상'일 뿐이지 '실재'는 아닙니다. 이 세계에서 우리가 지각하는 모든 것이 현상입니다.

인생을 살면서 알고 있는 사실과 모르는 사실을 구분할 수 있는 능력이 중요하다는 걸 깨닫는 순간이 있습니다. 진실에 접근하려면 사물의 여러 면을 볼 수 있어야 하고, 자신이 알고 있는 사실을 의심할 수 있어야 합니다. 결국 세상은 아는 만큼 보이는 법이니까요. 이런 주제로 아이들과 이야기를 나누어보면 어떨까 싶어서 책을 찾아보다가, 데이비드 허친스의 『그림자를 믿지 마!』를 읽었습니다. 내용을 어려워하지 않을까 걱정했지만, 다행히도 아이들은 재미있어 했습니다.

동굴에는 다섯 명의 원시인인 웅가, 붕가, 우기, 부기, 트레볼이 살고 있습니다. 원시인들은 동굴 밖으로 나가본 적이 없습니다. 동굴 입구가 우주의 끝이라고 믿었기 때문입니다. 동굴 밖으로 나가면 커다란 용이 있어 자신을 잡아먹거나, 미친 괴물이 있어 자신을 짓밟을 수도 있다고 생각합니다. 그래서 원시인들은 동굴을 절대로 떠나면 안 된다고 믿고 있습니다. 동굴 입구를 등진 채 동굴 안쪽만 보며 살아갈 정도였으니까요. 동굴 입구에서 지나가는 동물의 그림자가 벽에 비치면 겁에 질려 몸을 웅크렸습니다. 어느 화창한 봄날, 부기는 문득 동굴 밖에 뭐가 있는지 궁금해졌습니다. 동굴 밖에 나가보고 싶다는 부기의 말에 다른 원시인들은 심하게 화를 냅니다. 다른 친구들이 나가려 하지 않자, 부기는 혼자서 동굴을 벗어나 바깥세상으로 나갑니다. 그런데 바깥세상은 부기가 상상했던 것보다 훨씬 더 컸습니다. 부기는 놀라서 이곳저곳을 살피기 시작했지요.

그러다가 부기는 바깥세상의 현자인 마이크 할아버지를 만납니다. 마이크 할아버지는 두 부류의 사람들이 서로 싸워서 동굴 속에 들어가 살게 된 이유를 설명해줍니다. 부기는 왜 그렇게 되었는지 이해가 되지 않았습니다. 마이크 할아버지는 서로 나뉘어 한쪽 면만 바라보며 싸우는 이유를 설명해주었습니다. 사람들은 자신들이 믿는 것에 의문을 던지거나 세상을 다르게 보는 법이 있다면 화를 내었지요. 부기는 그 이야기를 통해 동굴 안의 세계가 전부가 아니라는 사실을 깨달았고, 동굴 속 친구들을 깨우쳐주기 위해 다시 동굴로 들어갑니다. 이 이야기는 진실이라고 믿는 것이 진실이 아닐 수도 있음을, 그리고 이를 받아들이는 일이 매우 중요하다는 사실을 깨우쳐 줍니다.

　과연 친구들은 부기의 말을 믿어줄까요? 아이들은 어떻게 생각하는지 이야기를 나누어보았습니다.

📖 엄마와 아이가 함께 읽고 나눈 생각 대화

엄마　왜 다섯 명의 원시인 중에서 부기만 동굴 밖으로 나올 수 있었을까?
준　부기는 동굴 밖 세상을 궁금해했기 때문이에요.
연　부기는 바깥세상에 대한 궁금한 마음이 엄청 컸기 때문이에요.

　역시 호기심과 궁금함은 어떤 일을 시도해보는 주요한 동력 중 하나가 되는군요.

엄마　동굴로 돌아간 부기의 말을 듣고 네 명의 원시인 친구들은 어떻게 반응했을까? 과연 부기는 친구들을 설득할 수 있었을까?
준　아마 설득하지 못할걸요. 처음 부기가 동굴 밖을 나갈 때에도 다른 원시인 친구들이 심하게 반대했으니, 다시 돌아온 부기가 동굴 밖 세계에 대해 아무리 말해도 믿지 않을 것 같아요.
연　저도 설득에 실패했을 거라고 봐요. 친구들은 '동굴 밖에는 무서운 것이 있다', '가면 안 된다'라는 생각이 머릿속에 박혀 있어서 나가기 어려울 거예요.

엄마 그럼 만약에 너희들이 부기처럼 진실을 알고 있는데 다른 친구들은 아직 모르고 있다고 하자. 친구들은 자신들이 알고 있는 사실을 진실이라고 굳게 믿고 있다면 너는 어떻게 할 거야? 친구들에게 진실을 이야기해줄 거야, 아니면 말하지 않을 거야?

추상적으로 들릴 수 있을 것 같아 갈릴레이의 이야기를 예로 들었습니다. 갈릴레이는 지구가 둥글다는 사실을 알아냈지만 사람들은 믿지 않았지요. 그래서 재판까지 받았고요.

준 그냥 말 안 할 거예요. 말해도 친구들이 내 말을 믿어주지 않을지도 모르니까요.

연 전 말해줄 거예요. 비밀을 나 혼자 알고 있으면 입이 간지러울 것 같아요.

두 아이의 대답이 다른 것이 흥미롭습니다. 저라면 어땠을까요? 부기는 마지막에 이렇게 결심합니다. 만약 아무도 배우려 하지 않는다면, 배우려고 하는 다른 사람을 찾아가겠다고요. 저 역시 제 말을 받아들일 만한 사람을 찾아가서 이야기할 것 같습니다.

엄마 그럼 반대로 진실인 줄 알았는데 나중에 알고 보니 진실이 아

	닌 경우가 있었어? 그때 어떤 느낌이 들었어?
준	글쎄요. 그런 적은 없었어요.
엄마	내 생각이(내가 보고 있는 것, 알고 있는 것) 꼭 옳다고 생각하는 태도는 좋을까, 그렇지 않을까?
준	옳지 않아요. 자기가 안다고 해서 그게 진실이 아닐 수도 있고, 또 정확히 알지 못할 때도 있기 때문이에요.
연	좋지 않아요. 자기만 옳다고 생각하면 잘못 알고 있는 내용 때문에 큰 실수를 할 수도 있을 테니까요.

저 역시 내 생각이 반드시 옳다고 생각하는 태도는 버려야 한다고 생각하지만 이런 태도를 지속하는 게 쉽지 않다고 느낍니다. 당연한 말이지만, 누구나 틀릴 수 있습니다. 내가 알고 있는 사실이 옳은 것만은 아님을 받아들이는 일은, 그래서 중요합니다. 자신이 보고 싶은 것만 보면 사실을 왜곡하여 받아들이거나 통념에 휘둘릴 수 있습니다. 성찰하고, 의심하고, 질문하는 일을 앞으로도 계속해야겠습니다.

함께 읽으면 좋은 책

"사실은 아직 아무도 진짜 이야기는 몰라.
왜냐하면 늑대 입장에서 하는 이야기는
아무도 들은 적이 없거든."

『늑대가 들려주는 아기 돼지 삼형제 이야기』 중에서
(존 셰스카 글 · 레인 스미스 그림 · 황의방 옮김 · 보림)

우리가 안다고 확신하는 것이 틀릴 수 있다는 사실을 인정하는 건 쉽지 않습니다. 눈에 보이는 게 다가 아니며 그 너머에 존재하는 것이 훨씬 많을 수도 있다는 사실을 알게 될 때 우리는 자기만의 틀을 넘어설 수 있습니다. 이번에 소개하는 그림책은 부분만 알고 전체를 안다고 고집하거나 편견을 깨주는 내용을 담고 있는 책들입니다.

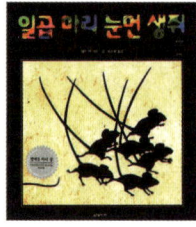

『일곱 마리 눈먼 생쥐』
에드 영 글/그림 · 최순희 옮김 · 시공주니어

일곱 마리 눈먼 생쥐가 연못가에서 이상한 것을 발견합니다. 눈먼 생쥐들은 그것이 무엇인지 궁금했지만 앞이 보이지 않아 알지 못합니다. 생쥐들은 월요일부터 일요일까지 하루에 한 번씩 차례로 그것이 무엇인지 알아보러 갑니다. 그런데 생쥐들이 돌아와서 하는 말이 모두 다릅니다. 빨간 생쥐는 기둥이라고 하고, 초록 생쥐는 뱀, 노란 생쥐는 창, 보라 생쥐는 낭떠러지, 주황 생쥐는 부채라고 우깁니다. 마지막에 간 하얀 생쥐는 코끼리라고 말합니다. 부분만 알면서 전부라고 생각해본 적은 없는지 되돌아보게 됩니다.

『도서관의 비밀』

통지아 글/그림 • 박지민 옮김 • 그린북

우리가 진실이라고 믿었던 것을 가볍게 뒤집어버리는 반전의 묘미가 있는 그림책입니다. '나'는 도서관에서 일하는 사서입니다. 일한 지 사흘째 되는 날, '나'는 도서관에서 이상한 일이 일어나고 있다는 사실을 느낍니다. '나'는 정체불명의 불빛과 그림자를 쫓으며 누구인지 밝혀내려 하지만 계속해서 놓치고 맙니다. 이 책을 읽다 보면, 어느 순간부터 도둑이라고 믿고 추적했던 상황이 뒤집어집니다. 쫓는 자와 쫓기는 자를 묘사한 방식이 흥미롭습니다. 과연 범인은 누구일까요?

『늑대가 들려주는 아기 돼지 삼형제 이야기』

존 셰스카 글 • 레인 스미스 그림 • 황의방 옮김 • 보림

늑대 하면 어떤 생각이 떠오르나요? 늑대는 사납고 포악한 동물일까요? 우리가 늑대에 대해 가지고 있는 이미지는 과연 옳을까요? 이 책은 누구나 알고 있는 '아기 돼지 삼형제' 이야기를 돼지가 아닌 늑대를 주인공으로 삼아 들려주고 있습니다. 이미 잘 알고 있는 이야기를 다른 관점에서 다시 생각해볼 수 있는 기회를 주는 것입니다. 늑대는 자신의 억울함을 이야기하고 자신들의 시각대로 기사를 쓴 언론을 통렬하게 비판합니다.

엄마의 책읽기

"슬픈 예감도 틀릴 수 있다"

『예감은 틀리지 않는다』
줄리언 반스 지음 • 최세희 옮김 • 다산책방

2011년도 부커상을 받은 줄리언 반스의 『예감은 틀리지 않는다』는 기억과 죽음에 대한 통찰을 담은 소설로, 쉽게 읽히는 책입니다. 1960년대 영국을 배경으로, 같은 고등학교에 다니는 네 명의 친구들의 이야기로 시작합니다. 주인공 토니 웹스터와 두 친구는 새로 전학 온 에이드리언 핀과 친해집니다. 에이드리언은 탁월한 지적 능력이 있어 친구들에게 선망의 대상입니다. 주인공 토니 웹스터는 대학에 진학해서 베로니카라는 여자 친구와 사귀지만 성적 불만과 계급적 콤플렉스를 극복하지 못하고 헤어집니다. 그후 친구 에이드리언은 베로니카와 사귀어도 되는지 묻는 편지를 토니에게 보내고, 토니는 이에 답장합니다. 얼마 후 토니는 에이드리언의 자살 소식을 듣습니다.

40년의 세월이 흐르고 60대 중반의 토니는 이혼한 상태입니다. 그런데 딸에게서 자주 전화를 받지 못해 쓸쓸해하고 있습니다. 어느 날 베로니카의 어머니 사라 포드 여사의 사망 소식과 함께 유산의 일부가 자신에게 상속된다는 연락을 받습니다. 유품 중에 토니가 받지 못한 에이드리언의 노트가 있다는 사실을 알고, 토니는 과거의 기억을 하나씩 찾아나갑니다. 결국 자신이 에이드리언에게 보낸, 이제는 기억하지도 못하는 한 통의 편지가 엄청난 파국을 불러왔다는 사실을 알게 됩니다.

소설의 마지막에서는 1부의 내용 하나하나가 2부의 내용과 연결되어 있음을 깨닫게 됩니다. 구성의 완벽성을 보면 정말 놀라움을 금치 못하지요. 토니는 의도하지 않았지만 어떤 일이 발생하였고, 이 모든 일은 사라가 죽으면서 남긴 500파운드의 돈과 에이드리언의 일기장으로 인해 밝혀집니다. 토니는 에이드리언에게 보낸 자신의 편지를 읽고 책임과 혼란을 동시에 느낍니다. 기억이 나지 않지만 내가 했던 말과 관련하여 일어난 일에 대해 어느 정도의 책임감을 느껴야 하는 걸까요?

작가는 시간과 기억이라는 문제를 집요하게 파고듭니다. 토니는 자신이 저주를 퍼부은 편지를 기억하지 못합니다. 편지보다는 두 사람의 관계에 대한 기억(이루어지지 못한 사랑에 대한 질투)만이 남아 있기 때문입니다. 인간은 세상을 자신의 시각으로 선택하여 바라보고 기억합니다. 같은 사실을 두고도 사람에 따라 기억이 다르게 저장되기도 합니다. 조금은 미화되고 각색되어 '기억'이라는 창고에 자리 잡기도 하고, 원인과 결과가 반대로 편집되기도 합니다. 기억은 기본적으로 자기 방어의 기능을 충실히 수행합니다. 모든 것을 다 기억할 수 없는 만큼, 수많은 사실 혹은 사건 중 자신을 합리화할 수 있는 것을 선택하고 그 과정에서 자연스럽게 왜곡이 일어납니다. 이렇듯 인간의 기억은 불완전하고 왜곡되어 있으며, 자신에게 유리한 쪽으로 합리화해서 기억합니다. 앞으로도 우리가 알지 못하거나 이해할 수 없는 일은 얼마나 많을까요? 우리는 모든 인과관계를 정확히 알지 못합니다. 에이드리언이 남긴 말처럼 역사는 '부정확한 기억이 불충분한 문서와 만나는 지점에서 빚어지는 확신'일지도 모르겠습니다.

08

하고 싶은 일을 하려면 어떻게 해야 할까?

『빈센트 반 고흐』

루시 브라운리지 글 · 에디트 카롱 그림 · 최혜진 옮김 · 책읽는곰

"넌 꿈이 뭐야?"
"나? 어젯밤에 꿈 안 꾸었는데."
"아니, 그것 말고. 뭐가 되고 싶은지 말이야."
"글쎄."
"난 작가가 되기로 결심했어."

아이들이 거실에서 주고받는 말소리가 방문 너머로 들려옵니다. 흘려듣다가 대화를 나누는 태도가 사뭇 진지해서 무슨 이야기를 나누는지 궁금해 귀를 기울였습니다. 나중에 무엇이 되고 싶은지에 대해 이야기를 나누고 있더군요.

평소와 달리 나누는 진지한 대화를 듣고 있노라니 그새 이만큼이나 자랐구나, 싶습니다. 준서는 책을 읽거나 이야기 들려주는 것을 좋아하는 아이인지라 작가가 되고 싶었나 봅니다. 그 말을 들은 성연은 자신의 꿈은 삽화가라고 말합니다. 평소에 그림 그리는 것을 좋아하는 아이는 세밀화를 그리는 데 푹 빠져 있습니다.

그 후 며칠이 지나 미술 시간에 만들었다며 아이들이 부채를 들고 왔습니다. 부채의 앞뒤에 그림이나 글을 써서 꾸몄는데, 준서가 가져온 부채에는 앞뒤로 글이 적혀 있었습니다. 무엇을 적었냐고 물었더니 앞면에는 『데미안』의 구절을, 뒷면에는 윤동주의 시 「별 헤는 밤」을 썼다고 합니다. 얼마 전 『데미안』의 구절을 적는 걸 본 적이 있는데, 아마도 그때 외웠나 봅니다. 나는 문장을 잘 외우지 못하는 편이라 신기해서 말을 건넸습니다.

"데미안을 외워서 쓰는 초등학생은 몇 안 될 거야"라고 말하니 "아마 100명도 넘을걸요"라며 아이는 시큰둥하게 대꾸합니다. 그래서 "아니야. 나도 그 구절을 외우지 못하는데 이걸 외워서 적다니, 진짜 대단한 거야"라고 말했더니 "엄마는 왜 못 외워요?"라고 물어보네요. 뭐라고 답을 해야 하나 우물쭈물하다가 "그러게" 하고 말았습니다.

아이들이 무엇이 되고 싶은지에 대해 나누는 대화를 듣다 보니, 자신의 꿈을 이루기 위해서는 어떻게 하면 좋을지 함께 이야기해보고 싶었습니다. 고민하다가 화가 고흐의 삶과 그림을 소개하는 『빈센트 반 고흐』를 골라보았습니다. 감각적인 화풍을 지닌 에디트 카롱이 그림을 그려 화려한 원색과 생동감 있는 터치가 인상적인 그림책입니다. 에디트 카롱은 고흐의 그림 기법을 자신만의 스타일로 표현하고 있어 보는 즐거움을 선사합니다. 많은 예술가 중에서 고흐를 고른 이유는 그가 꿈을 이루기 위해 노력한 과정 때문입니다. 고흐는 불행한 삶을 살았지만 그림에 대한 열정으로 끊임없이 노력한 미술가이기도 합니다.

고흐는 평생 자신이 무엇을 잘하는지, 무엇이 자신을 꿈꾸게 하는지 고민했습니다. 그는 동생 테오에게 자신의 고민을 털어놓았습니다. 그러자 테오는 형에게 곧장 파리로 오라고 얘기합니다. 파리로 간 그는 인상주의 화가들을 접하게 되고, 자신이 그림을 그려야 한다는 사실을 깨닫게 됩니다. 고흐는 끊임없이 연습했고, 새로운 기법을 받아들이는 일에도 주저하지 않았습니다. 자신을 둘러싼 역동적인 세계를 그림에 담고자 부단히 노력했습니다. 이 책은 그의 작품들이 어떤 고뇌와 노력을 거쳐 탄생했는지 생생하게 보여줍니다. 마지막 장에는 고흐의 그림과 설명도 첨부되어 있습니다. 고흐의 그림을 자연스럽게 감상할 수 있는 이 그림책을 읽다 보니 그의 삶이 더 궁금해졌습니다.

고흐는 화가라는 꿈을 이루기 위해 어떤 삶을 살았을까요? 그는

1853년 네덜란드에서 목사의 아들로 태어났습니다. 아버지처럼 목사가 되고 싶었지만 신학 대학에 떨어집니다. 그 후 그림만이 자신을 구원할 수 있다고 생각하고 파리로 그림 공부를 하러 떠납니다. 고흐는 그림을 그리고 싶어 했지만 가족의 반대가 심했습니다. 예술가는 인정받는 위치에 오르기까지 경제적으로 궁핍하게 살아야 했기 때문입니다. 가족 중에서 동생인 테오만이 고흐를 응원해주고 지원해주었습니다.

물질적인 지원뿐만 아니라 정신적으로도 응원을 아끼지 않았던 동생 테오의 도움으로 고흐는 그림을 계속 그릴 수 있었습니다. 그림책에도 나오듯이, 고흐와 테오는 서로의 마음을 편지로 주고받았습니다. 고흐는 동생 테오에게 그림에 대한 열정, 예술에 대한 열의를 적어 보냈습니다. 그는 자신이 선택한 길로 계속 나아가기 위해 매 순간 노력해야 한다고 생각했습니다.

아이들과 그림책을 함께 읽어본 후 고흐의 그림을 보여주고 어떤 느낌이 드는지 이야기를 나누어보았습니다. 그리고 하고 싶은 일이 있다면 그 꿈을 이루기 위해 어떻게 해야 하는지도 물어보았습니다. 아이들도 각자 자신이 가지고 있는 재능의 씨앗을 키워나가기를 희망해보면서요.

📖 **엄마와 아이가 함께 읽고 나눈 생각 대화**

『빈센트 반 고흐』에는 유명한 그림이 많이 실려 있습니다. 이 그림을 함께 보면서 어떤 느낌이 드는지 물어보았습니다.

엄마   (「별이 빛나는 밤」을 보여주며) 이 그림을 보면 어떤 느낌이 들어?
준   밤하늘이 마치 파도가 치는 것처럼 출렁거리고 있어요.
연   바람이 많이 불고 있는 것 같아요.

별이 빛나는 모습을 이렇게 표현하다니 정말 멋집니다. 아이들 눈에도 밤하늘이 파도가 치거나 바람이 부는 것처럼 느껴지나 봅니다.
  고흐의 그림은 색이 모두 강렬합니다. 여러 색이 주는 느낌이 어떻게 다른지 궁금해졌습니다.

엄마   (「아를의 침실」을 보여주며) 고흐는 아를의 노란 집에 있던 자신의 침실을 같은 구도로 세 번 그리면서 테오에게 편지를 보내 벽을 어떤 색으로 칠하면 좋을지 조언을 구했대. 이 그림에는 파란색으로 벽이 칠해져 있는데 만약 다른 색으로 칠한다면 어떨까? 색에 따라 느낌이 달라질까?
연   지금 칠해진 파란색은 시원한 느낌이 들어요. 만약 보라색으로 칠했다면 더 고급스러운 느낌을 줄 것 같아요.

준   빨간색으로 칠했다면 따뜻하면서도 강렬한 느낌이 들 거예요. 초록색은 약간 답답한 느낌이고요.

아이들에게 「해바라기」 그림을 보여주면서 만약 이 그림을 누군가에게 선물한다면 누구에게 주고 싶은지 물어보았습니다.

엄마   (「해바라기」를 보여주며) 이 그림을 선물로 줄 수 있다면 누구에게 주고 싶어?
준   친구에게 주고 싶어요.
연   신에게 주고 싶어요. 운 좋게 살고 싶으니까요.

신에게 주고 싶다니요? 정말이지, 생각지도 못한 대답입니다. 그림을 선물로 주고 운 좋게 살 수 있다면 정말 그러고 싶네요.

엄마   고흐는 가족들이 반대했는데도 그림에 대한 열정을 이어나갔다고 해. 매일 그림을 그려서 10년 동안 총 879점을 그렸다는데, 정말 대단한 것 같아. 만약 너희들이 하고 싶은 일을 가족들이 반대한다면 어떻게 할 것 같아?
연   왜 내가 이 일을 하고 싶은지 잘 이야기한 뒤에 계속하고 싶어요.
준   저도요. 하고 싶은 일이 있으면 계속하는 게 제일 중요하다고 생각해요.

함께 읽으면 좋은 책

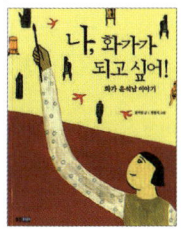

『나, 화가가 되고 싶어!』
윤여림 글 • 정현지 그림 • 웅진주니어

꿈을 포기하지 않고 화가가 된 윤석남의 이야기를 담았습니다. 주부로 살다가 마흔 살이 넘어서야 화가로 데뷔한 후, 한국을 대표하는 여성 화가이자 여성 운동가로 살아간 감동적이면서도 뭉클한 삶의 이야기를 들려줍니다. 마음속에 생겨난 꿈의 씨앗은 언제든 꽃피울 수 있음을 보여줍니다.

『반 고흐』
바바라 스톡 글/그림 • 이예원 옮김 • 미메시스

네덜란드의 만화가 바바라 스톡의 그래픽 노블입니다. 그래픽 노블은 만화와 소설의 절충이라고 할 텐데요. 이 책은 고흐의 생애를 그린 그래픽 전기입니다. 바바라 스톡은 고흐가 머물렀던 곳과 사용했던 물건 등 세세한 것까지 고증하여 그림을 그렸습니다. 고흐가 사랑한 자연 풍경 등을 원색을 사용해 재현하여 색감이 뛰어납니다.

◆ 엄마의 책읽기 ◆

"우리 자신으로 살아가기"

『반 고흐, 영혼의 편지』
빈센트 반 고흐 지음 • 신성림 옮김 • 위즈덤하우스

화가 빈센트 반 고흐가 쓴 편지를 엮은 책으로, 고흐가 예술가로서 지녔던 진지한 열정을 이해하게 됩니다. 또한 미술 세계에 대해서는 끝까지 타협하지 않았다는 사실도 알 수 있습니다. 고흐는 매일 그림을 그렸고, 37세에 자살로 생을 마감하기까지 10여 년 동안 879점의 그림을 그렸습니다. 이 책에 실린 편지는 주로 동생인 테오에게 보낸 것이 많습니다. 테오는 고흐에게 동생이면서 후원자였고 그의 예술성을 알아주는 동반자이기도 했습니다. 테오가 없었다면 고흐의 그림은 탄생하기 어려웠을 것입니다. 고흐는 동생 테오에게 가난으로 겪는 어려움, 그림에 대한 열정, 예술에 대한 열의를 담담히 써내려갑니다. 그의 편지를 통해 우리는 삶과 예술에 대한 열정을 느낄 수 있습니다.

이 책을 읽으면서 예술을 생활 속에서 더 잘 이해하고 느낄 수 있는 방법은 무엇이 있을까 생각해보았습니다. 인간은 자신의 내면을 표현해낸다면 누구나 예술가가 될 수 있습니다. 또한 예술적 감수성은 어릴 때부터 예술을 가까이하여 자연스럽게 기를 수 있습니다. 성인이 되어서 음악과 미술, 문학 등의 아름다움을 향유할 수 있다면 삶은 한층 풍요로워질 것입니다. 고흐는 예술을 이해하는 방법에 대해 이렇게 덧붙입니다. "산책을 자주 하고 자연을 사랑하는 것에서 예술을 이해하는 길이 시작된다"라고요. 화가란 '자연을 이해하고 사랑하여 평범한 사람들이 자연을 더 잘 볼 수 있도록 가르쳐주는 사람'이라고 정의 내립니다.

고흐는 테오에게 자신이 선택한 길을 계속 나아갈 것이며 노력할 거라고 다짐합니다. 자신에게 부족한 것은 훈련이므로, 정성을 들여 연습하고 또 연습해야 한다고 스스로를 다잡습니다. 하지만 고흐는 가족의 반대에 부딪힙니다. 지금도 예술가로 살아가는 일이 쉽지 않은데 그 당시는 더욱 그러했겠지요. 자신이 진정으로 하고 싶은 일이 있는데 가까운 사람들이나 다른 사람들로부터 이해를 받지 못하고 갈등이 계속되면 힘들 수밖에 없습니다. 고흐는 어려움을 이겨내기 위해 "우리 자신으로 살아가야 한다"라고 말합니다. 세상이 강요하는 가치와 다수의 의견에 따르지 말고 나 자신으로 살아가야 한다고 역설합니다. 그러기 위해서는 건강을 돌보고 힘을 기르고 강하게 살아가는 것이 중요하다고 말합니다. 다른 사람이 아닌 내가 진정으로 원하는 것을 찾아가는 여정을 계속 이어나가야겠습니다.

09

사람들은 왜 이야기를 좋아할까?

『도서관 생쥐』(1~5)
다니엘 커크 글/그림 · 신유선/박선주 옮김 · 푸른날개

어릴 적부터 책읽기를 좋아하던 아이들은 여전히 책을 즐겨 읽습니다. 주변에서 초등학교 고학년인 아이가 책을 많이 읽는데 그냥 놔두어도 될지 고민하는 경우를 보았습니다. 시간은 한정되어 있는데 학과 공부에는 도움이 별로 되지 않는 책만 읽고 있어서 걱정스럽다고 하더군요. 그러나 고학년일수록 책 읽는 시간을 확보할 필요가 있다고 생각합니다. 책을 즐겨 읽던 아이들도 고학년이 되면 독서에

서 점점 멀어집니다. 영어, 수학 등 교과 공부를 하는 시간이 늘어나면서 책을 읽을 시간이 부족해지기 때문입니다. 그래서 아이가 책을 보고 있으면 속이 타고, 공부하고 나서 남는 시간에 책을 읽었으면, 하고 바라게 됩니다. 하지만 이 시기는 깊이 읽기로 넘어가는 단계이므로 어느 정도 독서 시간을 확보해야 합니다.

부모가 아이에게 물려줄 수 있는 가장 값진 것 중 하나는 책 읽는 습관이라는 말을 들은 적이 있습니다. 저는 어릴 적부터 책읽기를 좋아했는데, 그 이유가 무엇인지 떠올려보았습니다. 우선, 집에 책이 많아서 손쉽게 책을 읽을 수 있었습니다. 대신 어린이 책은 그다지 많지 않아서 어린이 책을 읽고 싶을 때는 시내에 있던 시립도서관에 가서 읽곤 했습니다. 당시에 즐겨 읽었던 장르는 주로 추리소설이나 모험담으로, 재미있는 책 위주로 읽었습니다. 이때 자리 잡은 책읽기 습관이 성인이 되어서도 계속 읽게 하는 원동력이 되었습니다.

미야자키 하야오의 『책으로 가는 문』이라는 책을 읽다가 무릎을 탁 친 적이 있습니다. 저자가 어렸을 때 읽었던 소년 문고 중 추천할 만한 책을 골라 그 이유를 담은 책인데, 책의 서문에 있는 "어린이문학이란 '태어나길 정말 잘했다'라고 아이들에게 응원을 보내는 것이다"라는 문장이 특히 와 닿았습니다. 많은 아이들이 어린 시절에 책을 읽으며 이런 즐거움과 행복감을 느낄 수 있으면 정말 좋겠다고 생각했습니다.

저는 아이들이 어릴수록 정보 위주의 책보다는 이야기책을 많이 접하기를 바랍니다. 정보 위주의 책은 앞으로도 계속 읽어야 하니,

그 이전에 이야기의 즐거움을 풍성하게 누렸으면 좋겠습니다. 저는 책을 읽어주는 시간이 아니어도 평소에 이야기를 자주 들려주는 편입니다. 제 어린 시절의 이야기나 아이들이 어렸을 때 있었던 일을 들려주곤 합니다. 아이들이 하기 싫어하는 일을 할 때도 이야기의 힘을 빌리곤 했습니다. 예를 들어 이를 닦아주려고만 하면 아이들은 품에서 빠져나가려고 안간힘을 씁니다. 어떻게 하면 좋을까 고민하다가 생각한 방법이 이를 닦을 때마다 이야기를 들려주는 것이었습니다. 칫솔을 가져와서 "옛날, 어느 왕국에 이를 닦기 싫어하는 왕자님이 살고 있었대. 어느 날 나쁜 마법사가 찾아와 왕자님에게 이렇게 말했어. '왕자님은 이를 닦지 않으셨으니 낮에는 괴물로 변하는 저주를 내리겠어요.' 왕자님은 놀라서 울먹거리며 말했어." 이런 식으로 상황에 맞추어 기존에 있는 이야기와 섞어서 즉석에서 이야기를 만들어내어 들려주면서 자연스럽게 아이들을 세면대로 데려갑니다. 이야기를 듣는 재미에 빠진 아이들은 싫다는 소리를 할 새도 없이 어느새 이를 닦습니다. 당시에 『칫솔 요정』이라는 동화책을 읽어주곤 했는데, 그 내용을 섞어서 이야기를 들려주었습니다.

초등학교 저학년 때는 이야기책이 주는 즐거움에 푹 빠질 수 있는 시기입니다. 사람들이 이야기를 좋아하는 이유에 대해 대화를 나누어보고 싶어 고른 책은 다니엘 커크의 『도서관 생쥐』라는 그림책입니다. 주인공 샘은 도서관에 사는 생쥐입니다. 샘은 어린이 참고서 칸의 뒤쪽 벽에 난 구멍에서 살고 있습니다. 샘은 책 읽는 것을 아주 좋아했기 때문에 도서관에서 사는 하루하루가 굉장히 즐거웠지요. 많은 책으로 가득한 도서관에서 자신이 보고 싶은 책을 마음대로 골라 보는 재미를 느껴본 사람이라면 샘의 즐거움을 이해할 수 있을 겁니다. 샘은 그림책과 전기, 시를 주로 읽었습니다. 유령 이야기나 추리 소설도 읽었지요. 책을 계속 읽던 샘은 어느 날 자신이 직접 책을 쓰기로 결심합니다. 샘이 맨 처음 쓴 책은 『찍찍, 어느 생쥐의 삶!』이라는 책이었습니다. 샘은 아무도 없는 밤에 도서관 책꽂이에 몰래 자신의 책을 꽂아놓습니다. 다음 날 도서관에 온 어린이들은 그 책을 재미있게 읽습니다. 이에 힘을 얻은 샘은 두 번째로 『외로운 치즈』, 세 번째로는 『생쥐 집의 비밀』이라는 책을 써서 도서관에 꽂아둡니다. 책의 재미에 흠뻑 빠진 아이들은 책의 저자를 만나고 싶어 합니다.

『도서관 생쥐』에 등장하는 생쥐 샘이 어찌나 얼굴이 예쁘고 옷을 잘 입는지 감탄했습니다. 샘은 사람들이 왜 글쓰기를 어려워하는지 모르겠다고 말합니다. 글을 한번 쓰기 시작하면 그 즐거움에 빠져들었다고 하는데, 샘이야말로 글쓰기를 즐기는 존재라는 생각이 듭니다. 2권에서는 샘과 아이가 글과 그림을 나누어 책을 만드는 이야기가 나오는데, 이 부분을 읽으며 아이들은 신기해했습니다. 글과 그림을 나누어서 두 명이 함께 책을 쓸 수 있다는 사실이 신기했던 모양입니다.

이 책을 읽고 아이들과 샘처럼 이야기책을 함께 만들어보기로 하였습니다. 책에 나온 대로 한 명은 글을 쓰고 한 명은 그림을 그리는 협업을 해보기로 한 것이지요. 둘은 함께 이야기책을 만드는 과정을 즐거워하더군요. 신이 나서 연작 방식의 이야기를 만들어냈습니다. 미로 이야기, 보물 이야기, 호랑이 귀신 이야기(이 책을 만들기 직전에 박지원의 『호질』을 읽어서 호랑이에게 잡아먹힌 사람이 귀신이 되는 이야기가 재미있었나 봅니다) 등으로 이야기를 만들더군요. 함께 책을 만들어보니 이야기를 만드는 일이 그리 어렵지 않다는 자신감이 생겼는지, 그 이후에도 시키지도 않았는데 계속해서 여러 권의 이야기책을 만들었습니다.

📖 아이가 쓴 이야기 (준서가 초등 4학년 때 작성한 글입니다.)

「구로, 검은 고양이」

그녀는 어디에서나 검은 고양이와 함께였다. 고양이의 이름은 구로다. 온몸이 새까만 구로는 밤낮으로 항상 그녀 옆에 있다. 밤에 구로를 보면 눈만이 어둠 속에서 빛이 난다. 구로는 말을 하지 못하는 동물이지만 왠지 마음이 통하는 느낌이 든다. 그녀는 집 밖에 잘 나가지 않는다. 그녀가 하는 일은 글을 쓰는 것이다. 집에서 글을 쓰고, 쓴 글을 메일로 보낸다. 글을 쓰고 받는 원고료는 다음 달에 통장 계좌로 들어온다. 필요한 물건들은 온라인 쇼핑으로 주문하고 택배로 받는다. 그녀가 외출을 하는 일은 한 달에 며칠 되지 않는다.

어느 날 밤, 그녀는 오른쪽 다리가 간지러워서 잠결에 긁기 시작했다.

아무리 긁어도 시원하지 않았고, 가려움증은 사라지지 않았다. 뭐지? 그녀는 일어나 불을 켜고 다리를 살펴보았다. 발목과 무릎의 중간 부분이 동그란 반점처럼 검붉은 색을 띠고 있었다. 이건 뭐지? 고개를 갸웃거렸지만 대수롭지 않게 생각하고 다시 잠을 청했다. 그녀는 어린 시절부터 자신의 주변에서 일어나는 일을 대부분 수용하며 살아왔다. 의문을 제기하거나 왜 나만 이런 일을 겪는 건가 생각해보지 않았다. 모든 일이 일어나는 데는 다 이유가 있겠지, 하며 고개를 끄덕이곤 하였다. 내일 아침이 되면 괜찮아지겠지,라고 생각하며 그녀는 다시 잠이 들었다.

아침이 되어 눈을 뜬 그녀는 여느 날처럼 덮고 있던 침대 위 이불 옆으로 손을 뻗었다. 그녀의 오른쪽 옆은 구로가 몸을 동그랗게 말고 자기 좋아하는 곳이다. 그녀가 늦게 일어나는 날이면, 구로도 그녀가 일어날 때까지 자리를 지키곤 했다. 그런데 이상하다. 그 자리에 구로가 없다. 손으로 만져보았지만 온기조차 느껴지지 않는다. 그렇다면 밤부터 그 자리에 없었던 것일까? 그녀는 일어나 구로를 부르기 시작한다. 하지만 어디에서도 구로의 흔적은 보이지 않는다.

그녀는 당황해서 구로를 더 크게 불러보았지만 역시 구로는 나타나지 않았다. 오른쪽 다리의 검은 부분이 더욱 욱신거렸다. 그녀는 그렇게 집안 구석구석을 살펴보다가 이상한 소리에 정신을 잃고 쓰러졌다. 다시 일어나보니 지하실에 갇혀 있는 것을 깨달았다. 지하실에는 작은 책상이 하나 있었다. 책상 위에는 검은 호리병이 놓여 있었다. 그녀는 검은 호리병을 집었다. 그러자 검은 그림자가 그녀를 덮쳤다. 잠시 후 그녀가 다시 깨어나보니 마당이었다.

"휴, 꿈이었구나."

하지만 그녀의 옆에는 마치 그녀를 쳐다보는 것 같은 검은 호리병이 놓여 있었다.

"뭐지? 전 집주인이 놓고 간 것일까?"

그녀는 본능적으로 그 검은 호리병을 잡으면 안 될 것 같다는 생각이 들었다. 그녀는 마당에서 도망치듯 집으로 들어왔다. 그렇다. 그것은 꿈이 아니었다.

"안 돼! 이건 진짜가 아니야!"

그때 그녀의 유일한 친구인 준이 집으로 찾아왔다. 그는 항상 그녀의 고양이인 구로를 무척 좋아했다. 그래서 그는 구로부터 불렀다. "구로! 구로, 거기 있니?" 구로는 평소에도 그가 부르면 다가와 그의 옷에 머리를 비비곤 했다. 하지만 아무리 불러도 구로가 오지 않는다. 그는 불안해졌다. '구로가 어디로 갔지?'

그는 2층으로 올라가 보았다. 그는 깜짝 놀랐다. 그의 앞에는 온몸이 검은색인 그녀가 앉아 있었다.

"이게 어떻게 된 일이야! 너 괜찮아?"

그녀가 울음 섞인 말투로 대답했다.

"아니. 내 몸 안 보여? 온몸이 검은색이잖아!"
"어쩌다 온몸이 검은색으로 변한 거야? 또 구로는 어디 갔고?"

그는 구로가 평소에 앉던 푹신한 쿠션을 가리키며 말했다.

"마당에 있는 검은 호리병은 뭐야?"

갑자기 이상한 소리가 나고 그녀는 정신을 잃고 쓰러진다. 깨어나보니 다시 지하실이다.

지하실에는 아무것도 없다. 그녀의 앞에는 검은 고양이 한 마리가 섬뜩하게 쳐다보고 있었다.
구로다.

"아니, 너는…… 구, 구로?"
"키야야야야옹."
"으아아아악!"

그녀는 깨어났다. 사람으로, 아니, 고양이로.

함께 읽으면 좋은 책

"빅토르, 꿈을 꾸는 건 좋아.
하지만 책에 나오는 걸 그대로 다 믿으면 안 돼.
나름대로 판단을 해야지."

『아름다운 책』 중에서
(클로드 부종 글/그림 · 최윤정 옮김 · 비룡소)

『도서관』
사라 스튜어트 글 · 데이비드 스몰 그림
지혜연 옮김 · 시공주니어

어린 시절 책읽기를 좋아했던 사람이라면 누구나 정도의 차이는 있겠지만 이 책을 읽으며 '이건 내 이야긴데'라고 생각할 것입니다. 마르고 수줍음이 많고 스케이트를 즐겨 타지 않고 데이트에도 관심이 없는 엘리자베스는 항상 책을 읽습니다. 공원 벤치에 앉아서, 비 오는 날에는 우산을 쓰고 가면서도 읽고, 침대에서는 이불을 뒤집어쓰고 읽습니다. 책과 결혼한 것이나 마찬가지입니다. 돈을 벌면 그 돈으로 책을 사고, 어딜 나가더라도 책을 챙깁니다. 집 안은 책으로 가득 차고 더 이상은 단 한 권의 책도 들여놓을 수 없게 됩니다. 그녀는 집을 통째로 마을에 기부해 도서관을 만들고, 친구의 집에서 늙을 때까지 같이 삽니다.

　마지막 장면이 참 좋습니다. 둘은 하루가 멀다 하고 도서관을 찾았고, 걸어가면서도 책장을 넘깁니다.

『아름다운 책』

클로드 부종 글/그림 • 최윤정 옮김 • 비룡소

책에 호기심을 가지고 있는 토끼 에르네스트와 동생 빅토르는 함께 책읽기에 빠졌습니다. 글자를 잘 알지 못하는 빅토르는 형과 함께 책을 봅니다. 책을 대하는 두 형제의 다른 태도가 흥미로운데요. 어쩌면 책을 대하는 부모와 아이의 태도를 보는 느낌입니다. 왜 책을 읽는지, 책을 대하는 태도가 다 같을 수는 없지만, 그림책을 접하는 태도는 즐거움과 기쁨이 우선이면 좋겠지요?

『도서관에 간 사자』

미셸 누드슨 글 • 케빈 호크스 그림
홍연미 옮김 • 웅진주니어

사자가 도서관에 갔다고? 제목만으로도 호기심을 자극하는 이 책은 도서관에 한 마리 사자가 찾아오면서 이야기가 시작됩니다. 이야기 듣기를 좋아하고 아이들과 사이좋게 책을 읽는 사자는 매력적으로 다가옵니다. 도서관에서 사서로 일한 경험이 있는 이 책의 작가는, 사자를 통하여 "도서관에서는 누구나 환영받고 즐거워할 수 있다"고 말합니다. 사자의 발자국을 따라가다 보면 아이들은 도서관에서 지켜야 하는 규칙을 자연스레 배울 수 있습니다. 하지만 경우에 따라서는 예외의 상황도 있음도 깨닫게 되겠지요. 그림도 따뜻하고 이야기 방으로 들어가 잠들어버리는 사자의 모습에 저절로 웃음이 납니다.

엄마의 책읽기

"좋은 책을 신중하게 골라 읽어요"

『헤르만 헤세의 독서의 기술』
헤르만 헤세 지음 • 김지선 옮김 • 뜨인돌

여러분은 왜 책을 읽으시나요? 아마도 책을 읽는 이유는 사람마다 다를 것입니다. 즐거움과 재미를 위해 책을 읽는 사람도 있고, 지식과 정보를 얻기 위해 책을 읽는 경우도 있습니다. 깨달음과 지혜를 얻기 위해 독서를 하는 사람도 있겠지요. 그리고 이 모든 이유가 다 섞여 있을 수도 있습니다. "스스로의 정신으로 만들어낸 수많은 세계 중 가장 위대한 것은 책이다"라고 말하며 독서에 임하는 헤르만 헤세의 태도는 사뭇 진지합니다. 그는 독서란 결코 심심풀이 시간 때우기가 아니라고 합니다. 따라서 책은 신중하게 선택해야 하고 고도의 주의를 기울여 읽어야 한다고 말합니다.

헤르만 헤세는 『독서의 기술』에서 독서의 방향에 대해 이야기합니다. 그는 심심풀이용으로 독서를 하는 것은 잘못된 독서이며, 자신의 일상을 잊고자 책을 읽어서도 안 된다고 합니다. 책이란 무책임한 인간을 더 무책임하게 만들기 위한 것이 아니며, 대리만족을 느끼기 위한 것도 아닙니다. 오히려 책은 삶으로 이끌어주고, 삶에 이바지하고 소용이 될 때에만 가치가 있습니다. 그러므로 불꽃 같은 에너지와 젊음을 맛보게 하지 못하고 신선한 활력의 입김을 불어넣지 못한다면 독서에 바친 시간은 모두 허탕이라고 합니다. 독서에 대한 태도가 굉장히 엄숙하지요? 하지만 이런 주장이 와 닿는 이유는 무엇일까요? 의식적으로 성숙하기 위해, 우리의 삶을 단단히 부여잡기 위해 책을 읽어야 한다는 헤세의 말이 책을 읽을수록 공감이 갑니다.

그렇다면 도대체 어떤 책을 골라야 할까요? 수없이 많은 책이 쏟아져 나오고 있는 요즘, 어떤 책을 골라서 읽어야 의식적으로 성숙해지는 데 도움을 줄까요? 베스트셀러를 읽어야 할까요? 이에 대해 헤세는 이렇게 조언합니다. 먼저 전문가들의 우수 추천 도서 목록에 연연하지 말라고요. 자신의 취향에 맞게 개성 있는 도서를 선별하여 읽는 것이 중요하다는 의미이지요. 반드시 읽어야 할 '베스트 도서' 같은 것은 없다고 말합니다. 각자 끌리고 아끼고 좋아해서 특별히 선택하는 책이 있을 뿐입니다. 그러나 제 생각에는 이는 어느 정도 자기만의 독서 목록을 갖출 수 있는 사람에게 가능한 일이겠지요. 어떤 책이 나에게 맞고 필요한 책인지 구분할 수 있을 정도의 경지에는 올라서야 할 테니까요.

자신만의 서재를 갖추는 일은 그래서 더욱 중요해집니다. 훌륭한 장서란 '주문'으로 갖출 수 없으며 애착과 필요에 의해 스스로 조금씩 모으는 것입니다. 그런 의미에서 '좋은 책'이란, 바로 내게 좋은 책이어야 한다고 생각합니다. 아무리 다른 사람이 읽고 좋았던 책이라고 해도 내게는 그렇지 않을 수 있습니다. 반대의 경우도 있습니다. 내가 읽고 좋았다고 해도 다른 사람은 좋아하지 않을 수 있겠지요.

헤세는 책을 통해 성장해나가는 방법에는 오직 하나의 원칙과 길이 있다고 강조합니다. 바로 "읽는 글에 대한 경의, 이해하고자 하는 인내, 수용하고 경청하려는 겸손함"입니다. 친구의 이야기에 귀를 기울이듯 책의 이야기를 따라가다 보면 책의 내용은 온전히 나의 것으로 다가옵니다. 앞으로도 친구와 이야기를 나누듯이 책과 대화를 나누는 시간을 많이 가져야겠습니다.

10

어느 날, 내 몸이 변한다면 어떻게 하지?

『변신』
로렌스 데이비드 글 · 델핀 뒤랑 그림 · 고정아 옮김 · 보림

어린 시절, 상상의 나래를 펼치며 공상에 빠지곤 했습니다. 자주 하던 상상 중 하나는 '만약 나와 똑같은 사람이 나타나 자기가 진짜 나라고 주장하면 어떻게 나를 증명하지?'라는 생각이었습니다. 지금도 가끔 아이들에게 이 질문을 하곤 합니다. "너랑 똑같은 아이가 와서 너라고 행세하면 너는 어떻게 진짜라는 걸 증명할 거야?"라고요. 그리고 그런 상황이 온다면 우리 둘만 아는 특징을 암호처럼 말하자면

서 의논하곤 합니다.

그다음으로 자주 했던 상상은 다른 모습으로 변신하는 것이었습니다. 어릴 적 보던 그림책에서는 흔히 마법사가 공주나 왕자를 다른 모습으로 바꾸어놓기 일쑤이지요. 왕자와 공주는 백조나 야수, 개구리 등으로 모습이 변합니다. 만약 내 몸이 다른 존재로 변한다면 즐거울까요, 괴로울까요? 무엇으로 바뀌느냐에 따라 달라지겠지요. 이처럼 다른 존재로 변하는 소재는 언제 봐도 흥미롭습니다.

아이들은 변신에 대해 어떻게 생각하고 있을지 궁금해져서, 자고 일어났더니 몸이 벌레로 바뀐 로렌스 데이비드의 『변신』을 함께 읽어보고 이야기를 나누어봤습니다. 이야기의 시작은 카프카의 『변신』과 같지만, 그 이후는 아이들의 눈높이에 맞게 내용이 전개됩니다. 이 책은 내가 다른 존재로 변할 수 있다는 가정을 진지하게 생각해 볼 수 있는 기회를 줍니다.

그레고리 샘슨은 어느 날 아침, 잠에서 깨어나 깜짝 놀랍니다. 거울 속에 비친 자신의 모습은 커다랗고 큼직한 딱정벌레로 변해 있었습니다. 아빠는 아래층에서 아침을 먹으라고 부릅니다. 엄마도 어서 내려오라고 소리치십니다. 그레고리는 허둥지둥 계단을 내려가다가 굴러떨어지기까지 합니다. 그레고리가 부엌에 들어갔는데 아무도 자신을 쳐다보지 않습니다. 그레고리는 식구들에게 자신이 사람만 한 딱정벌레가 되었다고 말합니다. 하지만 아빠, 엄마, 동생 케이틀린은 그레고리가 변한 것을 모릅니다. 어서 학교에 다녀오라고 등을 두드려주기까지 하니까요. 그레고리는 거울을 보며 의아해합니다. 왜 벌레로 변한 나를 못 알아보는 거지? 학교로 가는 버스 안에서 가장 친한 친구 마이클은 그레고리를 보고 깜짝 놀랍니다. 유일하게 마이클만 그의 변화를 알아보는군요. 그레고리는 어디로 가고 왜 벌레가 그의 책가방을 메고 있는지 묻습니다. 그레고리는 마이클에게 자초지종을 이야기합니다.

둘은 학교에 들어갔지만 그레고리를 이상하게 보는 사람은 없습니다. 수업을 마치고 집으로 돌아와도 가족들은 그레고리가 딱정벌레로 변한 것을 여전히 알지 못합니다. 그는 슬퍼서 방으로 들어가 천장에 붙어 방을 내려다봅니다. 저녁을 먹으라는 아빠의 말에 그레고리가 내려오지 않자, 가족들은 그의 방으로 올라옵니다. 천장에 붙은 그레고리는 벌레가 되고 싶지 않았다면서 울음을 터트립니다. 식구들은 그레고리에게 내려오라고 말하고 그를 안아줍니다. 아빠는 그레고리에게 변한 걸 몰라봐서 미안하다고 합니다. 그레고리는 벌레가 되었어도 자신을 사랑하는지 묻고, 아버지는 어떻게 변해도 우리는 늘 너를 사랑한다고 대답합니다.

식구들이 모두 방을 나가자 그레고리는 잠이 듭니다. 다음 날에 일어나보니 원래대로 모습이 돌아왔습니다. 자신의 모습을 보여주기 위해 계단을 뛰어 내려갑니다.

벌레로 변한 그레고리의 진지한 고민을 보며 걱정스러운 마음이 들기도 했습니다. 벌레가 되었으니 비행사의 꿈은 버려야 하는지 고민하는 모습에서 특히 그러했습니다. 길 위의 작은 벌레를 밟지 않으려고 조심하는 그레고리의 마음까지도 섬세하게 잘 담아낸 책입니다.

📖 엄마와 아이가 함께 읽고 나눈 생각 대화

무언가로 몸이 변한 걸 알게 되었다면 어떻게 할지 이야기를 나누어 보았습니다.

엄마 어느 날 아침, 그레고리는 딱정벌레로 변한 자신을 발견했어. 딱정벌레로 변한 그레고리의 마음은 어땠을까? 만약에 네가 이렇게 몸이 변한 것을 알게 되었다면 어떨 것 같아?

준 아마 놀라서 기절했을지도 몰라요.

엄마 엄마, 아빠, 동생은 그레고리가 딱정벌레로 변했다는 사실을 알아채지 못했어. 왜 그랬을까?

연 평소에 그레고리를 주의 깊게 보지 않아서 알아채지 못한 것 같아요. 보세요. 그림을 보면 부모님이 그레고리와 이야기할 때 그를 쳐다보지도 않고 이야기하잖아요. 심지어 동생은 딱정벌레 옷을 입었다고 말할 정도니까요.

 아, 정말 그렇군요. 부모님은 그레고리와 이야기할 때 그를 쳐다보고 있지 않아요. 가족 간에 일상적으로 일어나는 무관심한 모습을 상징적으로 보여주기 위해서일까요?

엄마 만약에 네가 딱정벌레로 변했는데 엄마나 아빠, 누나 등이 그 사실을 모른다면 어떻게 할 것 같아?

준   성연이라면 알아차릴 때까지 등을 세게 때릴 거예요. 앗! 그런데 난 벌레의 몸인데 어떻게 때리죠? 만약 엄마라면 고개를 돌려서 내가 변한 것을 알아차릴 수 있게 할 거예요.

매일 몸싸움을 하는 아이들다운 답변이군요!

엄마   만약에 인간이 아닌 다른 존재로 변신할 수 있는 능력을 가지게 되었어. 무엇으로 변신하고 싶어? 왜 그 모습으로 변하고 싶어?

준   저는 작고 귀여운 고양이로 변신하고 싶어요. 사람들에게 관심을 받고 싶으니까요.

연   저는 마법사로 변신하고 싶어요. 마법사가 되어서 마법의 물약을 많이 만들어 초능력을 쓰고 싶어요.

이야기를 나누다 보니, 아이들은 외적 형태가 변화해도 정신이 그대로면 여전히 '나'일 거라고 생각하고 있군요. 무언가 다른 존재로 변한다고 가정하면 어느 정도까지 '나'라고 말할 수 있을까요? 궁금해집니다.

함께 읽으면 좋은 책

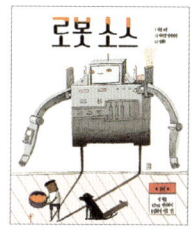

『로봇 소스』

아담 루빈 글 • 다니엘 살미에리 그림
엄혜숙 옮김 • 이마주

펼쳐보는 재미가 있는 그림책이라서 아이들이 좋아합니다. 로봇으로 변신하고 싶은 아이는 종이로 만든 로봇 옷을 입고 아빠와 엄마, 누나를 차례로 놀이로 끌어들이지만 결국 혼자 남고 맙니다. 여러 황당한 재료로 만들어진 로봇 소스를 마시고 아이는 진짜 로봇으로 변신합니다. 아이는 해독제 레시피를 태워버리고 자신을 로봇으로 만들었던 로봇 소스로 가족과 반려견, 집, 친구, 심지어는 음식까지 로봇으로 만들어버립니다.

『변신돼지』

박주혜 글 • 이갑규 그림 • 비룡소

어느 날 새벽, 찬이네 집에 돼지가 나타나 가족은 혼란에 빠집니다. 찬이는 토끼 달콤이가 돼지로 변신한 것이라고 추리하지만, 돼지를 싫어하는 엄마는 돼지를 키울 수 없다며 강아지로 바꿔 옵니다. 하지만 강아지도 데려온 지 열흘째 되는 날 돼지로 변해버립니다. 다음에 데려온 햄스터 역시 돼지로 변합니다. 왜 이런 일이 벌어지는 것일까요? 찬이네 집에 온 동물들이 모두 돼지로 변신해 일어나는 유쾌한 소동을 그리고 있습니다.

―― 엄마의 책읽기 ――

"인간의 도구화에 대한 고찰"

『변신』
프란츠 카프카 지음 • 루이스 스카파티 그림 • 이재황 옮김 • 문학동네

카프카의 『변신』은 한 개인의 사회적 단절과 죽음을 통해 존재에 대한 불안과 인간의 실존의식을 다루고 있는 작품입니다. 어느 날 아침 깨어난 그레고르 잠자는 침대 속에서 흉측한 벌레로 변해 있는 자신의 모습을 발견하고 놀랍니다. 벌레가 된 그레고르는 결국 출근하지 못하고, 그를 찾아온 회사 지배인은 놀라 달아납니다. 그가 벌레로 변하기 전, 가족 내에서 그의 가치는 '가족 부양'이었습니다. 하

지만 그가 벌레로 변하자 가족 부양의 능력을 상실하고 맙니다.

그러자 가족들의 태도가 변해갑니다. 그의 가족들은 그가 왜 벌레로 변했는지조차 궁금해하지 않았고, 그레고르를 '저것'이라고 부르며 멀리합니다. 유일하게 호의적으로 오빠를 챙겨주었던 여동생은 이제 그레고르를 '괴물'이라고 부르면서 '저것'에게서 벗어나야 한다고 말합니다. 가족들은 아무런 도움이 되지 않는 그를 외면하고, 결국 방에 감금합니다. 문을 서둘러 닫은 사람은 바로 여동생이었습니다.

시간이 지나면서 그레고르는 사람들의 음식이 입에 맞지 않고 인간의 언어도 잃어버리면서 진짜 벌레가 되어갑니다. 아버지는 그레고르에 대한 혐오감으로 무차별로 사과를 집어 던지고, 그는 등에 사과를 맞아 결국 죽음을 맞이합니다.

저자가 그레고르를 벌레로 변신시킨 이유는 무엇이었을까요? 가장 인간과는 거리가 먼 존재이면서 혐오감을 주기 때문일 것입니다. 당시의 시대적 상황과 관련하여, 카프카가 인간의 도구화와 비인간화 등에 대해 문제를 제기한 것으로 볼 수도 있습니다.

그레고르는 벌레로 변한 뒤 심리적·육체적 변화를 겪으면서 인간에서 벌레로 고착화됩니다. 처음에는 인간이었을 때처럼 사고하고 인식할 수 있었지만 서서히 변합니다. 현대 문명 속에서 기능으로만 평가되는 인간이 존재의 의의를 잃고 서로 유리된 채 살아가는 모습을 형상화하고 있습니다. 그레고르가 생활비를 버는 동안에는 그의 기능과 존재가 인정되지만, 그의 빈자리는 곧 채워지고 존재 의미는 사라져버리고 맙니다.

11

집을 지어본다면 어떨까?

『우리 손으로 우리 집을 지어요』
조너선 빈 글/그림 · 유사랑 옮김 · 주니어김영사

집을 지어 주택에서 살게 되리라고는 결혼 후 한 번도 생각해보지 못했습니다. 아마 아들 쌍둥이를 낳지 않았다면 그럴 일이 없었을지도 모르겠네요. 에너지 넘치는 아들 쌍둥이를 집에서 데리고 있기 힘들어 바깥으로 여기저기 돌아다니는 것도 지칠 무렵, 교외에 주택을 지어 이사를 가게 되었습니다. 그 전에 살고 있던 곳은 주상복합 아파트였는데, 건물을 벗어나지 않고도 외식과 쇼핑, 여가 생활을 할 수 있던 곳이었습니다. 그런 환경에서 아이들과 씨름하면서도 주택에서 살 거라고는 꿈에도 생각하지 못했습니다. 땅을 사서 집을 지어보자는 이야기를 듣고도 선뜻 마음이 내키지 않았던 이유는 도시 생활에 이미 익숙해져 있었기 때문입니다. 과연 주택에서 사는 게 가능할까 싶었습니다. 집 짓기에 대해서도 아는 게 하나도 없었는데, 어쩌면 아무것도 몰랐기 때문에 집을 지을 수 있었던 건지도 모르겠습니다.

처음 땅을 보러 갔을 때, 논밭 말고는 아무것도 없는 허허벌판을 보고는 도저히 사람이 살 곳이 아니구나 싶었습니다. 걱정과 우려를 안은 채 집 짓기는 시작되었습니다. 설계를 해주실 건축사를 찾아간 첫날, 집이란 어떤 곳이라고 생각하느냐는 질문을 받았습니다. 다음번에 올 때까지 집이 가지고 있는 의미에 대해 구체적으로 생각해오라는 숙제까지 내주었습니다. 그날 밤, 어릴 적 주택에서 살았을 때를 떠올려보았습니다. 아직도 기억에 남아 있는 공간은 마당과 옥상, 긴 골목길이었습니다. 다음번에 찾아가서 집이란 '추억과 휴식의 공간'이라고 말했습니다. 아이들과 함께 추억을 만들 수 있는 공간들이 많았으면 좋겠다고 이야기했습니다. 어떤 공간을 아지트로 꾸밀지 더 고민해보기로 했습니다.

그런데 막상 교외로 이사하려고 하자, 당시 중학교 1학년이던 큰아이가 걱정되었습니다. 한창 예민한 시기였던지라, 혹시 이사를 안 가겠다고 하면 어떡하지 싶어서였습니다. 집을 지어 이사를 가려고 하는데 괜찮은지 물었더니, 큰아이는 "그럼 마당에 오렌지 나무를 심으면 되겠네요"라고 말해주었지요. 그때까지만 해도 주택 생활이 어떤 것인지 구체적으로 와 닿지 않아서였을 것입니다.

집을 짓는 과정은 시행착오의 연속이었습니다. 설계했던 것이 시공 과정에서 반영되지 않기도 했고, 전혀 생각하지 못한 문제도 연이어 일어났습니다. 현장에서 상황에 맞추어 해결해야 하는 일도 생겼지요. 주말에는 아이들을 데리고 가서 집이 지어지는 모습을 보여주었습니다. 목조 주택이라 오래 걸리지 않았습니다. 하지만 처음 예상해놓은 일정보다는 여러 달 늦어지게 되었지요. 새 학기가 시작하는 3월에 맞추어 이사하려고 했는데, 이사 날짜와 맞지 않아 짐만 먼저 옮겨놓고 게스트 하우스 생활을 보름 정도 하기도 했습니다. 우여곡절이 참 많았네요. 덕분에 사춘기 큰아이와 더 가까워지는 계기도 되었습니다.

주택으로 이사를 간 건 쌍둥이들이 다섯 살 때였습니다. 그때부터 초등학교 2학년까지 만 5년을 주택에서 생활했습니다. 주택에서 살면서 좋았던 점도 많았지만 불편한 점도 만만치 않았지요. 제일 좋았던 점은 아이들이 마음껏 뛰어놀 수 있었다는 것입니다. 아파트에서 살았을 때는 아랫집, 옆집을 신경 쓰다 보니 해만 지면 "뛰지 마라" "조용히 해라" 또는 "안 돼" 소리를 달고 살아야 했습니다. 주택에서 살면서 아이들이 집 안팎에서 신나게 뛰어놀아도 부담이 없었습니다. 동네 아이들과 신나게 뛰어놀았던 경험은 아이들에게도 잊지 못할 추억이 되었습니다. 어린 시절, 장난감이 따로 없어도 해가 질 때까지 흙먼지를 뒤집어쓰고 놀곤 했죠. 엄마들의 밥 먹으라는 소리에 내일 만나서 놀자고 약속하곤 집에 들어와 저녁밥을 먹었던 기억이 있을 겁니다. 주택에서 살면서 아이들은 바깥 놀이를 자연스럽게 많이 하게 되고, 노는 방법을 익히게 되었습니다.

또 계절의 변화를 오감으로 느낄 수 있어서 좋았습니다. 눈으로 보고, 귀로 듣고, 냄새 맡을 수 있고, 피부로 느낄 수 있었습니다. 시시각각으로 변해가는 계절의 변화를 직접 접하게 됩니다. 각 계절에 피는 꽃의 향기를 맡을 수 있고, 여름에는 나뭇잎 사이로 부는 바람 소리를 들을 수 있으며, 가을이 되면 잔디 위에 방울진 이슬을 봅니다. 겨울 초입에는 나뭇가지 위로 하얗게 내린 서리를 볼 수 있지요. 새들이 날아가는 모습, 여름 내내 우는 개구리 울음소리 등 아직도 그리운 정경이 눈을 감으면 떠오릅니다. 가장 좋았던 소리는 비가 오는 날 지붕 위로 떨어지는 빗소리였지요. 비에 젖어 피어오르는 흙냄새도 그립습니다. 주택에 살면서 아이들은 꽃의 이름도 많이 배웠습니다. 아이들과 함께 찔레꽃, 달맞이꽃, 장미꽃, 맨드라미, 수국 등 계절마다 다른 꽃을 마당에 심었습니다.

아이들이 초등 3학년이 되면서 다시 도심의 아파트로 옮겼습니다. 그 마을에 있는 초등학교는 한 학년에 한 학급밖에 없어 아이들이 계속 같은 반이었습니다. 아직도 1년에 한두 번은 예전에 살던 마을에 놀러 가고 친구들을 만나면 반갑게 어울리곤 합니다. 아이들이 주택에서 살았던 추억을 잊지 않고 기억하면 좋겠습니다.

아이들과 가끔 주택에서 살았던 일에 대해 이야기를 나누곤 합니다. 자기가 원하는 집을 짓는 일에 대해 어떻게 생각하는지 궁금해서 조너선 빈의 『우리 손으로 우리 집을 지어요』라는 책을 골랐습니다. 책을 읽고 아이들이 원하는 집은 어떤 모습인지에 대해 이야기를 나누어보았습니다.

이 책은 저자의 부모님이 가족을 위해 땅을 구입하고 집을 짓는 동안 바퀴 달린 집에서 살았던 경험을 담고 있습니다. 책에서는 1년 반이라고 했지만, 실제로 집을 짓는 데 걸린 시간을 다 합치면 5년이나 된다고 합니다. 그사이 부모님은 저자를 포함해 3남매를 키웠습니다. 저자는 너무 어려서 실제로 집 뼈대를 지어 완성했던 기억은 나지 않지만, 누나의 도움을 받아 글을 썼습니다.

저자의 부모님은 건축 관련 책을 읽고 직접 집을 짓기로 하였다니, 정말 대단하다는 생각이 듭니다. 책은 주인공의 가족이 차를 타고 가고 있는 장면으로 시작합니다. 엄마, 아빠가 오랫동안 살던 도시를 떠나 시골로 가서 집을 지으려 합니다. 부모님은 농부 아저씨에게서 풀이 무성한 들판 한가운데 땅을 샀습니다. 가족은 총 네 명입니다. 엄마, 아빠, 나 그리고 남동생 이비입니다. 윌리라는 이름의 트럭도 있습니다. 집을 지을 동안 살게 될 이동주택을 떡갈나무 아래 세워둡니다. 다음 날 이동주택에 물을 공급할 파이프를 세우기 위해 바닥을 뚫고 전기 공사도 합니다. 잡초 가득한 벌판에 목재 더미와 돌무더기 등이 가득할 때까지 가족들은 필요한 것을 모읍니다.

겨울이 지나자, 할아버지가 굴착기를 가지고 와서 바닥을 파기 시작합니다. 아빠는 톱질을 하고 엄마는 못을 박아 콘크리트와 큰 돌을 넣을 틀을 만듭니다. 콘크리트를 붓고, 목재를 자르고 조립하여 뼈대를 올립니다. 이날은 모든 가족과 친척들이 집 뼈대를 완성하기 위해 모여듭니다. 모두 일을 하다가 밤이 되면 모닥불에 둘러앉아 차를 마시고 이야기를 도란도란 나눕니다. 부모님은 벽과 난로를 어디에 설치할지 의논합니다. 집을 만드는 사이, 엄마는 동생을 가지고 낳게 되었습니다. 드디어 집을 완성하고 이사합니다. 짐을 나르고 새로 만든 집에서 보내는 첫날 밤입니다. 아마도 그 밤은 저자와 가족에게는 평생 기억될 추억이 되었겠지요. 그 추억으로 이런 멋진 그림책을 만들 수 있었으니까요.

📖 엄마와 아이가 함께 읽고 나눈 생각 대화

초등 2학년 때까지 주택에 살았던 아이들은 그 시절의 이야기를 자주 합니다. 어른이 되어서 주택에 살았던 첫 경험인지라, 저도 그때의 경험이 생생하게 남아 있습니다. 아이들은 지금의 아파트 생활과 비교해서 어떻게 느끼고 있을지 궁금해졌습니다. 주택에서 살았을 때가 훨씬 좋았다고 생각하고 있을까요? 이야기를 나누어봐야겠습니다.

엄마   애들아. 주택에 사는 것과 아파트에서 사는 것 중에서 어떤 게 더 좋아?

준   주택에 살았을 때가 훨씬 좋았어요. 사람들은 대부분 그렇게 느끼지 않을까요?

엄마 그래? 난 지금의 아파트 생활도 좋은데?

　주택에 살면서 힘들었던 점은 적지 못했네요. 미처 생각지도 못했던 것들이 불편하게 느껴지기도 했습니다. 예를 들어, 계단을 오르내리는 게 의외로 힘들더군요.

연 아, 주택은 청소할 곳이 더 많아서요?
엄마 청소할 곳도 많고, 관리하는 데 손이 많이 가잖아. 주택에서 사는 건 어떤 점이 제일 좋았어?
준 당연히 마음대로 뛰어도 되는 게 제일 좋았죠. 아랫집 시끄러울까 봐 조심할 필요가 없잖아요.
엄마 맞아. 그게 제일 큰 장점이기는 해. 또 어떤 게 있어?
준 친구들이 우리 집에 놀러 와서 숨바꼭질을 하면 숨을 곳이 너무 많아서 좋았어요. 지하부터 다락방까지 곳곳에 숨을 곳이 많아서 쉽게 찾을 수가 없었어요. 아파트는 숨을 곳이 주택에 비해서는 별로 없잖아요.
엄마 아, '숨바꼭질을 하기에 좋다'라니, 그건 생각 못 한 장점인데. 그럼 공간 중에서는 어디가 제일 좋았어? 지하실이랑 다락방 같은 곳 말이야.
준 당연히 다락방이죠. 다락방은 소설 같은 데 봐도 많이 나오잖아요? 뭔가 비밀스럽고 아늑한 느낌이 들어요.

엄마   맞아. 다락방의 천장이 낮은 부분에서는 허리를 숙여서 걸어야 했던 것도 잊을 수 없어. 거기에서 책을 읽으면 뭔가 느낌이 달랐어. 그렇지?

만약에 너희가 『우리 손으로 우리 집을 지어요』의 아빠, 엄마처럼 직접 집을 짓는다면 어떻게 설계하고 싶어?

준   1층에는 거실과 부엌을 만들고, 2층에는 방을 여러 개 만들고 싶어요. 다락방은 별을 볼 수 있게 창을 만들고, 비가 오면 빗소리를 들으며 잠을 자고 싶어요.

연   저도요. 다락방을 아늑하게 꾸미고 싶어요. 푹신푹신한 이불을 깔아놓고, 비가 오는 날에는 창문을 열고 비가 오는 모습을 보고만 있어도 좋아요. 그리고 마당에는 나무로 된 그네 의자를 만들어놓고 싶어요.

아이들이 언젠가는 직접 집을 지을 날이 올까요? 그런 날이 오기를 기대해봐야겠습니다.

> 함께 읽으면 좋은 책

> "내가 좋아하는 집?
> 난 마당 있는 집이 좋아. 개도 키울 수 있고."
>
> 『누가 집을 지을까?』 중에서
> (구본준 글·김이조 그림·창비)

집은 우리에게 어떤 의미를 가지고 있는 공간일까요? 각자 의미가 다르겠지만 저의 경우에는 휴식과 재충전의 역할을 해주는 곳입니다. 만약 직접 집을 짓게 된다면 집 안에 어떤 공간을 만들고 싶으세요? 나만의 아지트 공간을 만들어본다면 어떨까요? 모든 집에는 자신들만의 고유한 이야기가 담길 수 있습니다. 아이들의 눈높이에 맞추어 집을 짓는 과정을 다루고 있는 몇 권의 그림책을 소개해봅니다.

『집짓기』
피에르 윈터스 글·티네케 메이린크 그림
박웅희 옮김·사파리

집의 기본 개념과 집 짓기 원리를 설명해줍니다. 우리 가족이 살고 있는 집을 어떻게 짓는지, 지을 때 어떤 사람들이 무슨 일을 맡아서 하는지, 어린이의 눈높이에서 설명하고 있습니다. 설계도를 그리는 건축가, 벽을 세우는 벽돌공, 문과 계단을 만드는 목수, 수도관과 하수도를 설치하는 배관공 그리고 집 구조가 안전한지 계산하는 구조 기술사 등이 힘을 합쳐 집을 짓는 과정을 보여줍니다.

『우리 집을 지어요!』

롤프 토이카 글 • 페렌크 B. 레괴스 그림
박종대 옮김 • 하이케 오센코프 사진, 꿈교출판사

소년 팀이 새집의 공사 현장에서 보고 느끼게 되는 것들을 설명합니다. 건축 과정을 쉽게 알려주고 있어서 이해하기 쉽습니다. 집을 짓는 장소를 정하는 것으로 시작해서 공사가 끝나 새로운 집에 이사하기까지 전 과정을 보여줍니다. 왼쪽의 접은 면에는 건축 공사에 대한 세부 설명이 있고, 오른쪽은 공사 과정 그림이 있습니다.

『누가 집을 지을까?』

구본준 글 • 김이조 그림 • 창비

고(故) 구본준 기자가 '땅콩집'을 지었던 경험을 아이의 시선으로 담아낸 그림책입니다. 어느 날, 아빠는 재모에게 마당이 있는 집을 지을 거라고 말해줍니다. 건축가 아저씨는 재모네 가족에게 어떤 집을 원하느냐고 물어봅니다. 다락에는 오보에 연습실을 만들고, 책이 가득한 서재도 만들기로 합니다. 집을 짓는 과정을 지켜보는 일은 신기합니다. 재모네 가족이 집을 짓게 되는 이야기 속에서 건축 현장을 둘러싼 다양한 사람들을 만날 수 있습니다.

엄마의 책읽기

"집도 하나의 기록이 된다"

『행복의 건축』
알랭 드 보통 지음 • 정영목 옮김 • 청미래

오랜 기숙사 생활을 끝내고 처음으로 집을 얻었을 때입니다. 20대 후반 무렵이었지요. 이사하고 힘들게 청소를 끝낸 후 침대에 누웠는데, 방문 너머로 주방에 있는 작은 창문이 보이더군요. 작은 기숙사 방에서 오래 살아서인지, 침대에서 창문까지의 거리가 멀다는 사실에 말할 수 없는 행복감이 밀려왔습니다. 처음으로 독립된 공간을 얻었다는 기쁨이었겠지요. 아직도 그날의 감정이 떠오릅니다.

쌍둥이들이 네 살이 되었을 때 집을 지어 살아보면 어떨까 하는 이야기를 나누게 되었고, 설계를 위해 건축가를 찾아갔지요. 원하는 집을 구체적으로 이야기해보라고 하더군요. 뭐라고 대답해야 할지 잘 떠오르지 않았습니다. 집은 내게 어떤 공간이었는지 생각해보았습니다. 어릴 적 살았던 집부터 최근의 집까지 거슬러 떠올려보며 집이란 '편안한 안식을 주는 공간'이라고 의미를 부여해보았습니다. 아이들이 어리니 저만의 휴식 공간도 있었으면 좋겠다고 했지요. 아이들을 키우다 보면 집은 어느새 노동의 공간으로 바뀌고 맙니다. 그렇다면 휴식과 노동이라는 의미가 상충되는 공간에서 어떻게 조화를 이룰 수 있을까요? 그래서 더욱더 나만의 공간이 필요하다고 느꼈습니다. 주택에는 지붕 아래 다락방이라는 공간이 생기는데, 다락방을 나만의 공간으로 만들고 싶다는 생각이 들었습니다. 집이 지어진 후 다락방 창문 앞에 책상을 두고 책을 읽었습니다. 창밖으로 들리는 바람 소리, 빗소리를 들어가면서요.

알랭 드 보통은 『행복의 건축』에서 건축물을 통해 얻는 행복이 무엇인지에 대해 설명합니다. "장소가 달라지면 나쁜 쪽이든 좋은 쪽이든 사람도 달라진다"라는 관념을 토대로 저자는 '행복의 건축'을 이야기합니다. 건축은 개개인의 행복에 기여합니다. 저자는 이 책에서 인류 역사에서 시대마다 건축물이 가지는 의미와 인간에게 미친 영향을 들려줍니다. 기능적인 건축물과 심미적인 건축물을 비교하기도 하고 건축물을 보며 느끼는 다양한 감정들을 설명해줍니다.

그는 "집을 사랑한다는 것은 우리의 정체성이 스스로 결정되는 것이 아님을 인정하는 것이며, 물리적인 집만이 아니라 심리적인 의미의 집도 필요하다"라고 말합니다. 집은 "우리의 약한 면을 보상해주며 마음을 받쳐줄 피난처"이기 때문입니다. 이처럼 집은 단순히 물리적인 장소일 뿐만 아니라 심리적인 공간이기도 합니다. 우리는 자신의 취향대로 집을 꾸미고, 그 공간에서 심리적 위안을 얻습니다.

집의 관점에서 사람을 바라보듯 서술하는 부분에서는 신선함을 느끼기도 했습니다. 집을 의인화하여 표현하기 때문입니다. "집은 연애가 시작될 때에도 관여했으며, 숙제를 하는 것도 지켜보았고, 포대기에 폭 싸인 아기가 병원에서 막 도착하는 광경도 지켜보았으며, 한밤중에 부엌에서 소곤거리며 나누는 이야기에 깜짝 놀라기도" 하는 모습으로 묘사를 하고 있습니다. 건축물이 나름의 방식으로 행복에 기여하고 있음을 알게 된다면, 집은 더욱 의미 있는 공간이 됩니다. "집은 글처럼 중요한 것들을 기록하는" 공간이 될 수 있으니까요.

자꾸 이상한 꿈을 꿔요

『벤의 꿈』
크리스 반 알스버그 글/그림 · 김영하 옮김 · 문학동네

"엄마, 또 좀비가 나오는 꿈을 꾸었어요."

아이는 일어나자마자 제게 와서 이렇게 말합니다. 아이는 좀비가 나오는 꿈을 자주 꾸곤 합니다. 어릴 때 자주 꾸는 꿈이 있으셨지요? 아이들은 아침에 일어나면 간밤에 꾸었던 꿈의 내용을 길게 늘어놓습니다. 물론 대부분 비슷비슷한 내용으로 이어집니다. 좀비가 계속 쫓아오거나 어딘가에서 탈출하기도 하고, 주로 도망치는 이야기입니다. 저 역시 어릴 적 비슷한 내용의 꿈을 꾸었던 기억이 납니다.

오래전 프랑스의 소설가 베르나르 베르베르의 인터뷰를 신문에서 읽은 적이 있는데, 상상력의 비결이 무엇이냐고 물으니 그는 이렇게 대답했습니다. 어릴 적부터 매일 꿈을 기록해왔다고요. 그는 아침에 일어나자마자 간밤에 꾼 꿈을 기억하고 기록하는 습관을 가지고 있었습니다. 인터뷰의 내용을 읽고 '바로 이거야, 나도 꿈을 기록해봐야지'라고 생각했습니다. 그 후로 특이하거나 기억에 남는 꿈을 꾸면 내용을 적고 있습니다. 그런데 꿈을 꿀 때는 이야기의 진행에 완전히 몰입했는데, 막상 글로 적어보면 내용이 너무 허황되고 맥락이 없었습니다. 왜 그런 걸까요?

아이들의 꿈은 이상하고 기이합니다. 괴물과 싸우기도 하고, 온갖 모험이 펼쳐지기도 합니다. 아이들의 꿈 이야기를 듣다 보니 어릴 적 많이 꾸던 꿈의 내용이 기억납니다. 하늘을 나는 꿈을 자주 꾸었습니다. 꿈속에서는 자연스럽게 땅을 박차고 공중으로 올라가 하늘을 날곤 했습니다. 그 느낌이 워낙 생생해서 어렸을 때는 정말 하늘을 날 수 있을지도 모른다고 생각했습니다. 하늘로 올라가 어느 정도 궤도에 오르면 발아래로 마을이 보이고 사람들이 보입니다. 그럴 때면 날고 있는 나를 사람들이 보면 어떡하지 싶어 두려워졌습니다. 그래서 자꾸만 더 높이 올라갔습니다.

지금도 가끔 말도 안 되는 꿈을 꾸고 일어나 고민합니다. 도대체 이런 꿈을 왜 꾼 것일까, 하고 말입니다. 결국은 내가 꿈의 내용과 같은 생각을 머릿속에 담고 있었기 때문이겠지요? 욕망의 투사일 수도 있고, 못 이룬 일들에 대한 아쉬움일 수도 있고요. 칼 융의 『인간과 상징』에서 꿈의 여러 기능을 설명합니다. 꿈의 기능 중 심리적인 균형을 맞추려고 경고하는 꿈도 있다고 합니다. 예를 들면 하늘을 날거나 추락하는 꿈이 이에 해당합니다. 자신의 능력에 맞지 않는 것을 원하는 사람들이 하늘을 날거나 추락하는 꿈을 꾸는데, 이는 그들의 인격적 결함을 보상해주는 동시에 그들의 계획과 도정이 위험한 것임을 경고하는 의미라고 합니다. 이 경고를 무시하면 실제로 사고가 발생하기도 한다는데, 제 꿈은 이런 의미는 아니었겠죠?

꿈에 대해 아이들과 이야기를 나누기 위해 고른 책은 『벤의 꿈』입니다. 이 그림책은 칼데콧 상을 세 번이나 수상한 크리스 반 알스버그의 그림책으로, 김영하 작가가 옮겼습니다. 일본에서는 무라카미 하루키가 알스버그의 작품을 번역하였습니다. 크리스 반 알스버그는 꿈과 환상, 상상의 세계를 다루는 데 탁월한 작가인 만큼 하루키와 김영하 작가가 번역한 게 아닐까 싶습니다. 아이들이 꾸었다는 무서운 꿈 이야기보다는 환상과 상상의 의미를 담고 있는 꿈에 대해 이야기해보고 싶어 이 그림책을 골라보았습니다.

『벤의 꿈』은 강렬한 그림과 신비로운 결말이 멋진데요. 그림책의 앞과 뒤에는 글이 있지만, 가운데에는 그림만 있습니다. 그래서 더욱 자유롭게 상상력을 펼칠 수 있는 책입니다. 벤과 마가렛은 먹구름이 몰려오는 것을 보면서 집으로 서둘러 돌아갑니다. 벤이 집에 도착하니 엄마는 외출하여 집에 안 계십니다. 벤은 안락의자에 앉아 지리책을 폅니다. 내일은 지리 시험을 보는 날이기 때문입니다. 책을 읽기 시작한 지 얼마 안 되어 비가 쏟아지기 시작하고, 벤은 빗소리에 졸음이 쏟아집니다.

벤은 꿈속에서 비가 내려 잠겨버린 세계를 여행합니다. 벤은 물 위에 뜬 집을 타고 둥둥 떠다니면서 자유의 여신상, 피사의 사탑 등 세계의 유적 사이를 지나갑니다. 눈을 뜨니 어느새 폭풍은 사라지고 햇살이 가득합니다. 이때, 마가렛이 문을 두드립니다. 벤과 마가렛은 다시 자전거를 끌고 야구를 하러 나서고, 벤은 마가렛에게 꿈 이야기를 합니다. 물에 반쯤 잠긴 세계의 유적 사이를 떠다니다가 스핑크스를 지나쳤는데 마가렛을 만났다고 말을 건넵니다. 그런데 이게 웬일일까요? 신기하게도 마가렛 역시 벤과 똑같은 꿈을 꾸었다고 말합니다.

잠들기 전에 읽거나 행동한 것이 꿈에 나타나는 환상적인 사건을 그리고 있는 매력적인 이야기입니다. 역자는 꿈과 현실이 하나였던 시절로 우리를 데려가는 바로 그 점이 성인 독자를 매료시키는 작가의 힘이라고 덧붙입니다. 이런 꿈은 어린이에게는 기분 좋은 두려움을, 성인들에겐 즐거운 추억을 선사해줍니다.

📖 엄마와 아이가 함께 읽고 나눈 생각 대화

얼마 전 읽은 프로이트의 『꿈의 해석』에 대해 들려주면서 아이들과 대화를 나누었어요.

엄마   우리가 꿈을 꾸는 내용을 처음으로 연구한 사람이 있는데, 프로이트라는 오스트리아 출신의 의사였어.

준   아, 저도 알아요. 지난번에 엄마가 어린이용 만화책 『꿈의 해석』을 빌려다 주셨잖아요? 그때 재미있게 읽었어요.

엄마   맞아. 그 책에 보면 꿈이란 억압된 무의식이 꿈으로 나타나는 거래. 하지만 그대로 표현되는 게 아니라 의식이 검열하기 때문에, 다른 사물로 바뀌어서 나타나기도 하고 왜곡되어 나타나기도 한대. 하지만 꿈이란 기본적으로 바라는 바가 나타나는 거래. 벤의 꿈도 그런 것 아닐까? 더 놀고 싶었는데 공부 때문에 집에 와야 해서 그런 신나는 꿈을 꾸었겠지?

그런데 지난번에 해주었던 꿈 이야기 있잖아, 아직도 그런 꿈 계속 꿔?

준   무슨 꿈이요?

엄마   좀비가 쫓아온다는 꿈 말이야.

준   네, 요새도 가끔 꿔요.

엄마   그렇구나. 엄마도 어렸을 때 괴물이 쫓아오는 꿈을 많이 꾸었거든. 초등학교 때 꾼 꿈 중에 아직 기억나는 게 있는데, 한번은 손이 쫓아오는 꿈을 꾼 적도 있어. 너무 무서웠어. 그것 말고 자주 꾸는 꿈은 뭐야?

준   하늘을 나는 꿈이요.

엄마   아, 정말? 나도 어릴 때 하늘을 나는 꿈은 정말 많이 꾸었어. 지난번에 책을 읽다가 보니, 저자는 어릴 때 하늘을 나는 꿈을 많

	이 꾸었는데 어른이 되면서부터는 멀리 뛰는 꿈을 꾸었대.
준	왜요? 아, 하늘을 나는 건 불가능하니 현실적으로 가능한 꿈으로 바뀐 거예요?
엄마	맞아. 하늘을 나는 게 불가능하다는 사실을 언젠가부터 알게 된 거지. 나도 10대까지는 하늘을 나는 꿈을 자주 꾸었는데 하늘을 나는 느낌이 너무 황홀하고 좋았어. 먼저 발로 땅을 박차고 수직으로 올라가다가, 수평으로 빠른 속도로 날아가기 시작해. 그런데 가끔은 마음은 급한 데 높은 데까지 단번에 올라가지 않는 거야. 그럴 때면 꿈속인데도 어찌나 애가 타던지.
준	저는 하늘을 나는 꿈을 꾸고 있다가 '내가 하늘을 날고 있어'라고 자각하면 그 순간 몸이 날기 이전의 상태로 돌아와요.
엄마	그게 무슨 뜻이야? 과거로 돌아간다는 뜻이야?
준	그게 아니고, 날기 이전의 상태로 멈춰버린다고 할까요.
엄마	그래? 신기한데.
준	네. 그러면 잠이 깨요.
엄마	잠이 깨기 전에 현실로 돌아오는 건가 보다. 그럼 날고 있다는 생각을 하지 말아야겠는걸. 그래야 오랫동안 하늘을 날 수 있잖아?
준	저도 그랬으면 좋겠어요.

> 함께 읽으면 좋은 책

"무서운 꿈아!
페넬로페는 널 초대한 적이 없어.
이제 페넬로페를 찾아오지 말아라."

『이젠 무서운 꿈을 꾸지 않아요!』 중에서
(안느 구트망 글 · 게오르그 할렌스레벤 그림 · 신수경 옮김 · 밝은미래)

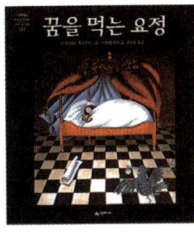

『꿈을 먹는 요정』

미하엘 엔데 글 · 안네게르트 푹스후버 그림
문성원 옮김 · 시공주니어

『모모』의 작가 미하엘 엔데의 그림책입니다. 꿈을 먹는 요정은 마른 몸에 가시로 뒤덮인 머리, 주름 가득한 얼굴을 가지고 있습니다. 잠자는 일이 가장 중요한 단잠나라의 단꿈공주는 잠을 못 자고 있습니다. 밤마다 악몽을 꾸기 때문입니다. 단잠나라는 잠을 가장 잘 자는 사람을 왕으로 뽑는 나라입니다. 단잠나라의 왕은 단꿈공주가 악몽을 물리칠 방법을 찾기 위해 길을 떠납니다. 드디어 악몽을 먹는 요정을 만난 왕은 악몽을 꾸지 않는 방법을 물어보고, 요정은 주문을 적은 종이를 줍니다. 요정의 도움으로 왕국으로 돌아온 왕은 공주에게 주문이 적힌 종이를 건넵니다. 공주는 악몽을 꿀까 봐 겁이 날 때면 주문을 외워 요정을 초대합니다. 악몽을 먹는 요정은 아무 걱정하지 말고 잘 자라면서, 초대해줘서 고맙다고 속삭여줍니다.

『이젠 무서운 꿈을 꾸지 않아요!』
안느 구트망 글 • 게오르그 할렌스레벤 그림
신수경 옮김 • 밝은미래

페넬로페도 밤마다 찾아오는 악몽 때문에 다시 잠들기를 거부합니다. 그러자 엄마 아빠는 페넬로페를 강제로 재우지 않고, 어떤 악몽을 꾸었는지 물어본 다음 악몽을 쫓는 마법의 가루를 뿌려줍니다. 악몽을 꾸고 잠 못 드는 아이라면 이런 방법을 써보는 것도 좋겠습니다.

『좋은 꿈을 꾸고 싶어』
피터 뎀프 글 • 가브리엘레 달 라고 그림
유혜자 옮김 • 시금치

안나는 무서운 꿈을 꾸지 않으려면 어떻게 해야 하는지 궁금합니다. 안나의 할아버지는 무서운 꿈을 꾸지 않는 방법을 알고 있었습니다. 안나와 할아버지는 꿈나라를 지켜줄 수 있는 특별한 물건을 찾기 시작합니다. 소원을 들어주는 조개껍질이나 상상 속에서만 나오는 새의 깃털과 같은 것입니다. 이들을 함께 엮어 악몽을 쫓는 드림캐처를 만들어 안나의 침대 위에 걸어둡니다.

이 책은 드림캐처, 즉 '꿈 사냥꾼'을 통해 즐거운 상상의 힘에 대해 말하고 있습니다. 악몽을 자주 꾸던 아이도 학교에서 드림캐처를 만들게 된 후, 침대 옆에 걸어두더군요. 그 후 무서운 꿈을 꾸지 않게 되었다고 제게 말을 해주었습니다. 이 그림책을 읽고 아이와 함께 드림캐처를 만들어보는 것도 좋겠습니다.

엄마의 책읽기

"꿈은 억압된 소원의 성취"

『꿈의 해석』
지그문트 프로이트 지음 · 김인순 옮김 · 열린책들

큰아이를 낳고 산후우울증을 앓았던 적이 있습니다. 밤이면 악몽에 시달리곤 했는데, 아이가 높은 데서 떨어지는 꿈을 꾸며 괴로워하기도 했습니다. 그때만 해도 정신건강의학과에 가서 상담을 받아야겠다는 생각을 하지 못했던 시기였습니다. 아마도 정신건강의학과에 다닌다고 하면 좋지 않은 시선으로 볼지 모른다는 두려움 때문이었는지도 모릅니다. 하지만 몸에 병이 걸리듯이 정신건강에도 문제가 생길 수 있습니다. 정신건강의학과는 자신의 문제를 알고 해결하고 싶은 사람이 가는 곳이겠지요.

정신분석학의 기틀을 마련한 사람은 지그문트 프로이트입니다. 프로이트는 1896년에 '정신분석'이라는 이론을 정립합니다. 당시의 의학에서는 인간의 무의식에는 신경을 쓰지 않았습니다. 인간을 의식적인 존재로 규정하고 있었기 때문입니다. 처음에는 신경증 환자들을 치료할 목적으로 연구했지만, 무의식의 영역과 꿈에 주목하면서 일반적이고 보편적인 정신 전반에 대한 학문으로 자리 잡았습니다. 프로이트의 정신분석학을 통해, 우리는 정상인의 삶과 비정상인의 삶이 분리되지 않는다는 사실을 알게 되었습니다.

그는 일상생활에서 일어나는 실수나 망각 등을 분석하면서 이 원리가 꿈의 내용과 비슷하다는 사실을 발견합니다. 꿈은 자아의 '검열' 기능이 느슨해진 틈을 타서 평소 억압되었던 욕망이 표현되는 무대입니다. 그렇다고 자아의 검열이 완전히 중지된 것은 아닙니다. 그래서 억압된 욕망에 관한 생각과 이미지는 원래의 모습대로 드러나지 않고, 별로 억압될 필요가 없는 다른 생각이나 이미지로 대체되거나 혼합되어 변형됩니다. 그러므로 꿈의 전체적인 내용이 중요한 게 아니라, 어떻게 다른 사물로 대체되어 나타나는가를 통해 꿈을 해석해야 합니다.

꿈은 외부 자극이나 내부 충동에 대한 이미지, 전날의 기억, 유아기의 소망, 평소에는 억압되어 의식하지 않던 욕망이 잠자는 동안 표출되는 것입니다. 꿈이란 지극히 개인적인 무의식의 발로(이전에 겪었던 개인적 경험이 중요)이기 때문에, 같은 사물이나 내용이 꿈에 나와도 개인에 따라 해석은 달라질 수 있습니다. 꿈이란 왜곡되어 있기 때문에 일부 특징적인 것에 주목해야 합니다. 물론 꿈이 모두 개별적인 것은 아니고, 많은 사람들이 꾸는 전형적인 꿈도 존재합니다. 예를 들어 하늘을 날거나 떨어지는 꿈, 발가벗고 당황하는 꿈 등입니다. 다들 이런 꿈을 꾸신 적 있으시지요?

꿈을 올바로 해석하면 자신의 문제를 인식하고 현재를 변화시켜 미래로 나아갈 수 있습니다. 무의식의 방을 여는 열쇠와도 같은 이 책을 통해 정신건강에 대해 관심을 가지는 기회가 되었습니다.

2부

세상이 궁금해요

INTRO

함께 찾아보고 알아가는 즐거움

어릴 적, 저는 질문이 많은 아이였습니다. 궁금한 게 생겨서 질문하면 "그건 말이지" 하면서 자세하게 답변해주는 사람보다는 "왜 그런 것을 물어보는 거야?"라고 의아해하는 사람들이 훨씬 많았습니다. 대답하기 어려운 질문만 자꾸 던져서일까요? 질문을 달가워하지 않는 사람들을 보고, 그 후로는 혼자 속으로 질문하게 되었지요. 어릴 적의 아쉬움이 남아서일까요? 아이들이 제게 질문하면 최대한 성실하게 답해주기로 마음먹었습니다.

하지만 아이들의 질문은 쉴 새 없이 이어집니다. 어렸을 때는 하루 종일 쉬지 않고 질문을 쏟아내는 경우도 있었습니다. 처음에는 성의 있게 답해주다가 언제부터인가 일일이 답변하는 것이 점차 귀찮아지기 시작했습니다. 식사 준비를 할 때처럼 바쁜 시간에 질문하면 곧바로 답변해주기가 쉽지 않았지요. 그럴 때는 "지금 엄마가 답변하기 어려우니 잠깐만 기다려줄래?"라고 양해를 구했습니다. 알고 있는 내용은 바로 답해주고, 잘 모르는 것은 책을 찾거나 인터넷을 검색해서 알려주었습니다. 아이의 질문에 바로바로 대답해주기 버거워질 무렵, 주제를 정해 한 분야씩 책을 함께 읽어나가는 게 좋겠다는 생각이 들었습니다.

아이들은 왜 질문이 많을까요? 궁금한 게 많기 때문입니다. 처음 본 사물들이 무엇인지 궁금하고, 새로운 정보를 알고 싶어 합니다. 하지만 나이가 들어가면서 점점 궁금한 것들이 줄어들고 호기심을 가질 만한 여유도 사라집니다. 저는 세상에 대한 호기심을 가지는 일은 나이에 상관없이 중요하다고 생각하기 때문에, 궁금한 게 생기면 자료나 책을 찾아서 읽어봅니다. 요즘은 영상을 찾아보면 더 빠르기도 하지요. 궁금증을 해결하는 과정은 지적 호기심을 채워나가는 일입니다. 호기심은 관심 있는 일을 찾아가게 하는 자극이 됩니다.

아이들이 어릴 때는 아직 이해도 못 할 텐데 자세하게 설명해주는 게 무슨 의미가 있을까, 나중에 기억이나 할까, 생각한 적도 있습니다. 그런데 아이들은 보거나 들은 이야기를 생각보다 오랫동안 기억한다는 사실을 알게 되었습니다. 예를 들면, 아이들이 여섯 살 때 열광적으로 부르던 노래가 있었습니다. 〈한국을 빛낸 100명의 위인들〉이란 노래입니다. 아이들이 좋아하던 노래이지요. 가사가 1절부터 4절까지 길게 이어지는 터라 이렇게 긴 가사를 과연 외울 수 있을까 생각했는데, 신기하게 몇 번 따라 부르더니 목청 높여 부르곤 했습니다. 문득 가사의 내용을 이해하고 있는지 궁금해서 물어보았더니, 대부분 잘 이해하지 못하고 있더군요. 그래서 가사의 의미를 설명해주었습니다. 단군이 나라를 세운 고조선이 우리나라의 시초라는 것부터 시작해서 주몽 이야기, 혁거세 이야기 등을 들려주자 초롱초롱하게 눈을 반짝이며 듣더군요. 그해 개천절이 되었을 때 단군 이야기를 물어보았더니 자세히 기억하고 있어서 놀랐던 기억이 있습니다.

아이들에게 책을 읽어주면서 단순히 책만 읽어주는 데 그치지 않고 책을 매개로 호기심을 가질 수 있도록 이야기를 나누곤 했습니다. 책을 읽고 나서 바로 내용에 대해 이야기하면 거부감을 가질 거라 생각해서, 나중에 자연스럽게 대화를 나누었습니다. 식탁에서 밥을 먹으며 대화를 나누기도 했습니다. 밥 먹는 시간을 사랑하는 아이들이므로 장소를 이탈하지 않고 계속 이야기를 나눌 수 있고(방에서 이야기를 하다 보면 나가버리는 경우도 많았습니다) 또 식사가 끝날 때까지 시간적 여유도 확보할 수 있었으니까요. 가장 흔한 방식은 자연스럽게 질문하면서 시작하는 것이었습니다. 그러면 아이들이 서로 자신의 생각을 이야기하고, 어느덧 이야기는 꼬리에 꼬리를 물면서 이어집니다.

이 과정을 거치면서 저도 관련된 책을 찾아 읽어보게 되었고, 독서 습관이 자리 잡게 되었습니다. 일석이조의 효과가 있었던 셈이죠. 아는 게 별로 없다는 걸 깨닫기도 했고, 궁금한 것도 많아지더군요. 처음에는 제 질문에 주로 답변만 하던 아이들이 어느덧 반대로 저에게 설명해주는 일이 늘어나기 시작했습니다. 특히 수학, 과학, 역사 분야의 내용은 오히려 제가 아이들의 설명을 듣는 쪽이 되었습니다. 세상에 대해 궁금해하고 호기심을 왕성하게 가지며 질문하기 시작할 때, 그 시기를 놓치지 말고 함께 이야기를 나누어보면 어떨까요?

01

생명체는 어떻게 생겨났을까?

『참 쉬운 진화 이야기』

애나 클레이본 글 · 웨슬리 로빈스 그림 · 권루시안 옮김 · 진선아이

다섯 살이 되면서 아이들은 공룡에 관심을 가지기 시작했습니다. 남자아이들이라면 공룡에 푹 빠지는 시기가 한번은 오곤 하지요. 공룡 책을 읽고, 공룡 그림을 그리고, 공룡 모형을 사달라고 조르기 시작하더니, 어느새 그 길고 어려운 공룡의 이름을 줄줄 외우기 시작합니다. 브라키오사우루스, 스테고사우루스, 티라노사우루스 등 아무리 읽어주어도 입에 붙지 않는 공룡 이름을 어떻게 그리 척척 대

는지 신기할 따름입니다. 아이들이 공룡에 대해 푹 빠졌을 무렵에는 저도 덩달아 공룡에 대해 관심이 생겨났습니다. 아이들과 공룡 박물관을 찾아가기도 하였고, 공룡에 대한 책이라면 뭐든지 읽어주기도 하였습니다. 공룡에 대한 영상 자료나 영화도 찾아보게 되었지요. 이 무렵 자연사 박물관에 자주 갔습니다. 1층 입구에는 거대한 공룡 뼈와 하늘을 나는 익룡의 뼈가 있었는데, 아이들이 한동안 열광하곤 했지요.

한때 지구상에서 번성했던 공룡은 이후 멸종하였습니다. 공룡 멸종에 대해서는 과학자에 따라 여러 가설이 있지만, 아직까지 확실하게 밝혀지지는 않았습니다. 아이들의 궁금증이 커지자 공룡의 출현과 소멸 과정에 대한 책을 읽기 시작했는데요, 그러다가 점점 진화 전반에 대한 책들을 찾아보게 되었습니다. 인간의 진화에 대한 이야기를 나누어보기 위해 애나 클레이본이 글을 쓰고 웨슬리 로빈스가 그림을 그린 『참 쉬운 진화 이야기』를 골라보았습니다. 이 그림책은 지구상에 있는 모든 생명체들이 어떻게 생성되고 다양하게 변화되어갔는지를 알려주고 있습니다.

지구상의 모든 생명체들은 여러 세대를 지나는 동안 새로운 유형의 생물로 발달해갑니다. 이 과정을 진화라고 부릅니다. 과학자들이 진화의 원리를 파악하게 된 건 19세기가 되어서였습니다. 지금도 많은 과학자가 진화를 연구하고 있습니다. 인간은 단세포생물에서 지금의 호모사피엔스로 진화해왔습니다. 다윈은 『종의 기원』에서 원래의 생물 종으로부터 새로운 종이 가지를 쳐 나오는 것에 대해 설명합니다. 또한 새로운 종이 나타나는 종의 분화와 종이 더 이상 존재하지 않게 되는 멸종에 대해서도 설명합니다. 지구상에 생물이 나타난 뒤로 수십억 가지의 종이 발생하고 멸종했습니다. 수많은 종이 한꺼번에 소멸하는 것을 '대량멸종'이라고 하는데 공룡의 경우도 이에 속합니다. 저자는 멸종이란 진화의 자연스러운 부분이며 한 종이 영원히 지속되지 않는다고 말합니다.

공룡은 약 6600만 년 전 '대량멸종'하였습니다. 이 책에서는 그 이유를 거대한 소행성이 지구에 떨어졌기 때문이라고 말합니다. 충돌 때 생기는 열 때문에 수많은 생물이 죽게 되었다는 것이지요. 하늘에 먼지가 가득 차 햇빛을 막게 되면서 식물이 죽었고 이로 인해 초식 공룡이 굶주리고 이어서 육식 공룡이 굶주려 죽게 되었습니다. 이로써 몸집이 작은 동물만 살아남게 된 것이지요. 아이들에게 공룡이 지구상에서 멸종했듯이 인간도 앞으로 지구에서 멸종하게 될 것인가에 대해 물어보았습니다. 그랬더니 인간 역시 멸종하게 될 거라고 답을 하더군요.

📖 엄마와 아이가 함께 읽고 나눈 생각 대화

진화 과정에 대해 알게 되니 자연스럽게 인류의 미래에 대해서도 궁금해져서, 이에 대해 아이들과 자주 이야기를 나누어보게 됩니다. 미래학자의 예측 역시 팽팽하게 둘로 나뉩니다. 인류는 더 이상 살아남지 못하고 멸종할 거라고 디스토피아적 예측을 하는 비관적 의견도 있고, 지금보다 훨씬 살기 좋게 되리라는 낙관적 의견도 있습니다. 여러분은 어떻게 생각하시나요? 미래의 인류는 어떻게 될지 아이들과 이야기를 나누어보았습니다.

엄마 그림책에 보면 거대한 소행성이 지구에 떨어져 수많은 생물이 죽게 되었다고 나오잖아. 공룡은 1억 6000만 년 이상 존재했지만 결국 멸종하게 되었고 말이야. 하나의 종이 영원히 지속될 수 없고 평균적으로 500만에서 1000만 년 동안만 생존한다고 하는데, 그럼 인간도 앞으로 멸종하게 될 거라고 생각해?

준 인간 역시 공룡처럼 멸종할 거예요. 지구 온난화로 인한 환경 문제이든 소행성이 충돌하든 더 이상 인간이 지구에서 생존하기 어려운 상황이 닥치면서 모든 생명체는 지구에서 사라질 거라고 생각해요.

앗! 죽지 않고 영원히 살고 싶다고 했잖아!

인류가 멸종하고 지구가 멸망하면 어떻게 되는 걸까요? 그렇다면 인간이 앞으로 어떤 식으로 진화할 것인가에 대해 물어보았습니다. 흔적 기관으로 변하는 것들이나 더 이상 필요 없는 신체의 부분은 무엇이 있을지에 대해서도요.

엄마 인간도 하나의 종이니 계속 진화 과정을 거쳐나갈 건데, 그렇다면 미래의 사람은 지금과 어떻게 달라져 있을까?

연 　다리는 사용하지 않아 퇴화하게 되고, 손가락은 길어져요. 얼굴도 길어지는데 그 이유는 턱으로 음식을 씹지 않아 길쭉해지기 때문이에요.

엄마 　음, 그럼 ET와 비슷해지는 걸까? 과학이 계속 발달해서 더욱 편리해지고 사람들이 몸을 움직이지 않고도 할 수 있는 게 많아지면 정말 그럴지도 모르겠다.

　과학자들은 인간의 모습에 대해 여러 가지로 진화하게 될지도 모른다고 말을 합니다. 앞으로 힘을 그다지 쓰지 않게 될 것이므로 근육이 줄어들게 되고 해수면이 높아지고 세계가 물에 잠기면 손가락과 발가락에 물갈퀴가 생겨날지도 모른다고 하는데, 앞으로 인간이 어떻게 진화할지 정말 궁금해지는군요.

> 함께 읽으면 좋은 책

"약 35억 년 전, 어떤 세포들은 바다 표면을 떠다니다가 태양으로부터 온 에너지를 이용할 수 있게 되었습니다."

『빅 히스토리』 중에서
(데이비드 크리스천, 밥 베인 지음 · 조지형 옮김 · 해나무)

우주의 탄생에서 별의 생성을 거쳐 인간이 출현하기까지 진화의 시간은 멈추지 않고 계속되고 있습니다. 지구는 인류를 탄생시켜주었지만 인류의 번영을 약속해주지는 않을 것 같습니다. 지구의 역사와 인류의 시작을 다루고 있는 책은 굉장히 많은데요. 미취학 아동들이 읽을 수 있는 책에서부터 초등학교 고학년이 이해할 수 있는 책까지 수준도 다양합니다.

『다윈 할아버지의 진화 이야기』
파올라 비탈레 글 · 로사나 부쉬 그림
강영옥 옮김 · 아름다운사람들

지구에 사는 모든 생명체의 탄생 이야기입니다. 약 40억 년 전, 지구를 덮은 바닷물 속에서 하나의 세포로 이루어진 단순한 생명체가 나타났습니다. 그 뒤 생물은 계속 변해왔어요. 자연환경에 적응한 생물은 살아남았고, 그러지 못한 생물은 사라졌지요. 이것이 다윈 할아버지가 말한 '자연선택'이에요.

지금 우리가 보는 생명체들은 끊임없는 변화 과정을 거쳐 나타났습니다. 척추동물 가운데 어류가 가장 먼저 나타났고, 그 뒤 양서류, 파충류, 조류와 포유류가 탄생했어요. 사람은 포유류에 속하지요. 사람은 지구에서 가장 늦게 탄생한 포유류입니다.

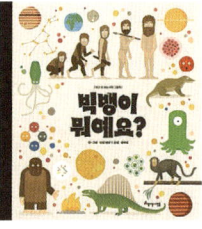

『빅뱅이 뭐예요?』
필립 번팅 글/그림 • 김아림 옮김 • 아름다운사람들

빅뱅이라는 우주의 시작부터 지금의 인류가 만들어지기까지의 오랜 과정을 보여주는 그림책입니다. 빅뱅이 일어나고, 그 폭발 때문에 흩어졌던 작은 원소들이 서서히 뭉치면서 태양계가 생겨났습니다. 태양계에는 지구라는 행성이 있습니다. 우리가 살아가는 곳이지요. 지구의 온도가 적당히 따뜻해지면서 생물이 나타나고 이 생물들이 진화를 거듭하면서 수많은 갈래의 다양한 생명체들이 만들어집니다. 인간도 그중 하나입니다. 인간은 이리저리 지구를 떠돌다가 한곳에 정착해서 농사를 짓고 마을과 도시를 만듭니다. 그리고 그 후손이 바로 지금의 우리입니다.

『옛날 옛적 지구에는』
윤소영 글 • 조경규 그림 • 웅진주니어

지구의 역사와 생물의 등장을 설명하는 그림책입니다. 최초의 지구는 생명체가 살 수 없는 곳이었지만, 끝없는 비가 내려 바다가 생기고 바닷속에서 최초의 생명체인 박테리아가 탄생합니다. 그리고 어류로, 양서류로, 파충류로 진화해나갑니다. 이렇게 지구상에 새로운 생물들이 하나하나 등장합니다. 생물이 하루아침에 등장한 것이 아니라 환경에 적응하면서 진화해왔음을 이야기합니다.

『아주 오래전에』
세르주 오셍 글/그림 · 김예령 옮김 · 물구나무

우주의 기원과 인류의 역사라는 부제에 알맞게, 아무것도 없던 우주 시대부터 시작하여 은하에서 별이 폭발하고 행성이 생겨나게 됩니다. 지구에 수십억 년에 걸쳐 화산이 폭발하고 비가 내리면서 바닷속에 미생물이 처음 등장합니다. 그 뒤로 미생물이 여러 단계를 거쳐 마지막으로 유인원이 등장하고, 도구를 쓰고 사고하는 크로마뇽인이 출현합니다.

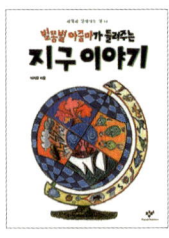

『별똥별 아줌마가 들려주는 지구 이야기』
이지유 지음 · 창비

우주의 탄생, 태양계와 지구의 탄생, 지구 생명체의 등장과 생태계의 변화 등 지구 역사의 흐름을 시간의 순서대로 따라가며 설명해주는 책입니다. 정보를 딱딱하게 나열한 책이 아니라 지구에서 살다 간 생명체에 대해 따뜻한 시각으로 서술하고 있습니다. 어렵고 지루할 수 있는 지구과학을 재미있게 풀어내고 있는 게 장점입니다. 지구에서 여러 생명체가 나타났다가 멸종하였으며 앞으로 또 어떤 생명체가 새롭게 나타날지 알 수 없습니다. 지구환경에 적응한 생명체만이 살아남을 수 있으므로 만약 지구가 더 이상 인류가 살 수 없는 환경이 된다면 인류도 공룡처럼 화석으로 남을지도 모르겠습니다.

엄마의 책읽기

"임계 국면이 형성되어 생명체가 출현하게 되었어요"

『빅 히스토리』

데이비드 크리스천, 밥 베인 지음 • 조지형 옮김 • 해나무

지구에서 생명체는 어떻게 생겨났을까요? 인류의 탄생 과정을 이해하기 위해 고른 데이비드 크리스천, 밥 베인의 『빅 히스토리』입니다. 이 책은 천문학, 물리학, 생물학, 고고학, 인류학 등 여러 학문 분야를 넘나들며 자연과 인간의 역사를 설명하고 있습니다. 빅뱅에서 시작하여 별의 탄생, 지구의 탄생, 생명의 기원, 인류의 등장, 문명의 출현 과정을 시간의 순서에 따라 쉽게 설명하고 있습니다. 학생들을

대상으로 수업하듯이 쓴 책이라 어렵지 않습니다.

생명체는 임계 국면(어떤 현상이 다르게 나타나기 시작하는 지점 혹은 경계)이 형성되어 출현하는데, 우주에는 일곱 가지 임계점을 거쳐 생명체가 탄생했습니다. 우리에게 익숙한 골디락스 우화로 별의 탄생을 설명합니다. 골디락스는 먹기에 알맞은 온도의 수프, 앉기에 적합한 의자, 잠자리에 알맞은 침대를 발견합니다. 이처럼 골디락스 조건이 맞으면 복잡한 것이 출현할 수 있는데, 초기 우주에서도 어떤 부분이 다른 부분보다 조금 뜨겁거나 밀도가 높은 부분에서는 중력이 더 강력해지며 별이 형성됩니다. 차갑고 어두운 우주에서 조건이 갖추어져 별이 출현한 것입니다.

생명의 탄생 과정은 별의 생성보다 훨씬 더 복잡한 과정을 거칩니다. 여섯 단계의 작은 임계 국면을 거쳐 드디어 일곱 번째 임계 국면에서 포유류가 출현하고 인류의 조상이 등장합니다. 우리의 조상은 두 발로 걷기 시작하면서 이족 보행자가 되었는데, 이를 호미닌이라고 부릅니다. 도구를 만드는 인간이 출현하고 이후 인간은 집단 학습 과정을 통해 진화를 거칩니다. 그렇다면 집단 학습은 왜 강력했고, 집단 학습의 존재를 보여주는 증거는 무엇일까요? 바로 언어라는 강력한 의사소통 형식입니다. 인류는 정확하면서도 많은 양의 정보를 공유하며 집단 기억을 저장했습니다. 정보가 집단 기억에 저장되어 다음 세대에 전수되고, 시간이 흐름에 따라 정보가 축적되었습니다. 집단적으로 학습하고 세대를 이어 정보를 축적하는 능력은 인간만이 지닌 독특한 것이었습니다.

인류는 농경을 시작하면서 매우 극적으로 변화합니다. 작물화된 몇 개의 식물종과 가축종을 인위적으로 선택하여 정착 생활을 시작하는데, 이 과정에서 수렵인들이 가지고 있었던 많은 능력이 사라졌고 전염병, 기근 등에 취약해졌습니다. 사유재산이 출현하면서 계급이나 혼인제도가 생겨났습니다. 현재 세계의 취약성에도 불구하고 미래에도 지구에서는 복잡성이 계속 증가할 것이라고 예측하고 있습니다.

02

사람들은 어떻게 요리를 하게 되었을까?

『밥상을 차리다』
주영하 글 · 서영아 그림 · 보림

휴대폰이 없는 아이들은 학교에서 전화할 일이 있으면 콜렉트 콜을 겁니다. 어느 날 무음으로 해놓은 전화를 켜보니, 아이로부터 부재중 전화가 일곱 통이나 와 있었습니다. '뭐지? 사고를 쳤나?' 싶어 걱정이 되었습니다. 곧이어 또 전화가 걸려 옵니다. 황급히 받아 무슨 일이냐고 물으니, "엄마, 저녁에 닭볶음탕 먹을 수 있을까요?"라며 아이가 진지하게 묻습니다. "아니, 그것 때문에 전화를 한 거야?" 하고 물으니 그렇답니다. 점심때 학교 급식이 시원치 않았던 모양입니다.

저녁이라도 맛있는 음식을 먹어야겠다는 다급한 마음에 쉬는 시간을 이용해서 전화를 걸었던 겁니다.

음식에 대한 관심과 사랑이 지대해서일까요? 아이는 요리에도 아주 관심이 많습니다. 식사 준비를 하기 시작하면 달려와서 "뭐 도울 것 없을까요?"라고 물어봅니다. 아이에게 이것저것 기본적인 일을 부탁합니다. 예를 들어 잡채를 할 때는 순차적으로 야채를 볶는데, 당근을 썰고 있을 때 프라이팬에 있는 양파를 볶게 합니다. 볶는 것만 해주어도 훨씬 일이 수월해집니다. 주로 야채 씻기, 볶기, 뒤집기, 꺼내기, 휘젓기 등을 도와달라고 합니다. 그러면서 만들고 있는 요리의 레시피를 자세하게 알려줍니다.

요리에 대한 관심은 어릴 적부터 꾸준했습니다. 사실 이때는 요리라고 부르기는 어려울 것 같고, 거의 만들기 놀이 수준이었습니다. 네 살 때부터 요리 수업을 신청해서 참여하곤 했습니다. 그 무렵 아이와 요리하는 수업이 꽤 인기였는데, 아이도 저도 만족도가 높았던 수업입니다. 일단 수업이 끝나고 나면 먹을 것이 생기니(잘하면 끼니를 해결할 수 있었지요), 아이들은 요리 수업에 참여하는 것을 좋아했습니다. 물론 선생님이 거의 모든 준비를 다 해놓고 아이들은 마지막 과정에만 참여하는 정도였지만 말입니다.

요리에 대한 아이들의 질문은 점점 더 많아졌습니다. 그래서 요리에 대한 그림책을 찾아보기로 했습니다. 가장 먼저 아이와 함께 읽은 그림책은 주영하의 『밥상을 차리다』였습니다. 이 책은 우리 조상의 음식 문화와 전통에 대해 자세히 설명하고 있습니다. 사람은 요리하는 동물로, 자연이 준 것을 그대로 먹지 않았습니다. 온종일 먹을거리를 구하러 다니던 구석기인들부터 가공식품에 둘러싸여 사는 오늘날의 우리도 나름의 방식으로 밥상을 차린다는 내용이었습니다. 한반도 일대에서 즐겨 먹던 곡물과 채소 등 식재료와 밥/국/반찬이라는 한식 상차림의 기본 구조, 김치의 변화 과정을 한눈에 알 수 있어서 아이들의 호기심을 많이 해결해주었습니다. 불교, 유교와 같은 세계관이 음식 문화에 끼친 영향이나 조선 시대 식이요법도 흥미로웠지요.

아이는 특히 주막 이야기를 재미있게 읽었습니다. 조선의 주막에서 숙식을 해결하였다는 점, 제법 큰 포구의 주막에서는 돼지고기와 생선구이 같은 맛난 안주도 팔았다는 사실을 신기해했어요. 저 역시 어릴 적 텔레비전 사극에서 사람들이 주막에서 국밥 먹는 장면이 나오면 군침을 삼키곤 해서, 꼭 국밥을 먹어봐야지, 다짐했던 기억이 떠올랐습니다.

간장을 담그는 내용도 무척 재미있게 보았습니다. 요즘 아이들은 가정에서 장을 담그는 광경을 볼 수 없지요. 제가 어릴 때만 해도 어머니가 옥상에 있는 항아리에 장을 담그는 것을 볼 수 있었습니다. 학교에 다녀와서 장이 어떻게 되었는지 궁금해서 옥상으로 달려가 항아리 속 곰팡이 낀 메주가 소금물에 떠 있는 것을 보며 신기해했던 기억이 납니다. 책에 보면 한반도에서는 메주와 소금물을 이용해서 간장을 담갔다고 합니다. 아주 오래전부터 간장을 담갔을 거라고 짐작되지만 정확히 언제부터인지는 확실히 알기 어렵다고 하네요.

옛날 사람들은 김치를 어떻게 담갔을까 궁금했는데, 예전에는 소금이나 간장에 절였다고 합니다. 가장 오래된 김치는 장아찌와 짠지인데, 야채를 소금물에 절이면 짠지, 간장이나 된장에 절이면 장아찌라고 불렀다고 해요. 저도 장아찌와 짠지의 차이를 자세히 몰랐는데 이 책을 보고 알았습니다. 책을 읽다 아이에게 "좋아하는 음식이 있는데 냉장고가 없다면 어떻게 하지?"라고 물었더니 남기지 않고 모두 배 속에 집어넣는다고 대답해서 한참 웃었던 기억이 납니다. 만약 지금 살고 있는 세상에 냉장고가 없다면 어떨까 생각해봅니다. 좋은 점도 있으려나요?

엄마와 아이가 함께 읽고 나눈 생각 대화

엄마 『밥상을 차리다』에서 가장 흥미로웠던 부분은 어디였어?

준 주막 이야기가 재미있었어요. 조선의 주막에서 숙식을 해결하였다는 점, 제법 큰 포구의 주막에서는 돼지고기와 생선구이 같은 맛난 안주도 팔았다는 게 신기해요. 옛날 사람들은 고기를 먹기가 힘들었다고 하는데, 주막에서 고기를 팔았다니까요. 간장 만드는 이야기도 재미있었어요. 언제부터 담갔는지 궁금한데, 그 시기는 알기 어렵다고 하네요.

엄마 준서야, 지금은 음식을 먹고 남은 게 있으면 냉장고에 넣을 수 있잖아? 그럼 상하지 않고 보관할 수도 있고 말야. 네가 좋아

	하는 반찬이 남았는데 냉장고가 없어. 그럼 어떻게 보관할래?
준	좋아하는 반찬이 있는데 냉장고가 없다면, 남기지 않고 모두 배 속에 집어넣겠어요. (웃음)
엄마	이 책을 읽으면 좋은 음식을 만들기 위해서는 노력해야겠더구나. 우리가 할 수 있는 노력은 무엇이 있을까? 이따 같이 장을 보러 가보자.
준	좋은 음식을 만들기 위해서는 좋은 재료를 사는 게 먼저겠죠? 그리고 제철 음식을 사서 요리를 하면 좋지 않을까요?
엄마	『할머니가 물려주신 요리책』에서는 어떤 음식이 가장 맛있어 보여? 만들어보고 싶은 음식도 있어?
연	호박꽃 안에 재료를 채워서 끓여 먹는 호박꽃탕이랑 한국식 과일 젤리인 과실편이 제일 신기했어요. 만들어보고 싶은 건 수박 화채요.
준	작년 여름에 친구들이 놀러 왔을 때 엄마가 과일 화채 만들어 주셨잖아요? 그래서인지 저는 여름만 되면 화채가 먹고 싶어요.

> 함께 읽으면 좋은 책

"이 마을의 날씨는 아주 특별했어.
아침, 점심, 저녁 이렇게 하루 세 번
하늘에서 음식이 내렸지."

『하늘에서 음식이 내린다면』 중에서
(쥬디 바레트 글·론 바레트 그림·홍연미 옮김·토토북)

요리에 관한 책을 보는 건 언제나 흥미롭습니다. 아이들과 요리책의 레시피를 읽으며 어떤 음식을 만들어 먹어볼까 고르는 일도 즐거운데요. 요리법이 들어 있는 그림책 몇 권을 소개해봅니다. 함께 책을 읽고 난 후, 아이와 함께 간단한 요리를 해보는 시간을 가져보면 어떨까요?

『할머니가 물려주신 요리책』
김숙년, 김익선 글·김효순 그림·장영

두 분의 할머니가 어렸을 때 몸으로 배우고 익혔던 우리의 생활 문화를 바탕으로 만든 그림책입니다. 여기에 실려 있는 요리법은 이야기 할머니 역할을 한 김숙년 할머님이 어렸을 때 어머니 곁에서 직접 보고 들은 것이라고 합니다. 정갈한 요리를 보기 좋게 그려내고 있어, 아이들이 특히 좋아했던 그림책입니다.

『엘리엇의 특별한 요리책』
크리스티나 비외르크 글 • 레나 안데르손 그림
오숙은 옮김 • 미래사

요리를 좋아하는 엘리엇이 등장하는 그림책입니다. 레시피 책처럼 70가지의 요리법이 들어 있어, 요리에 관심이 있는 어른이 보아도 충분히 흥미로운 책입니다. 엘리엇의 위층에는 음식이라면 모르는 게 없는 스텔라 할머니가 사십니다. 할머니는 젊었을 때 배에서 요리사로 일을 하셨습니다. 엘리엇은 스텔라 할머니의 도움으로 버터와 치즈, 아이스크림도 직접 만들어보고 호밀 빵과 계피 빵을 구워보기도 합니다. 심지어 스텔라 할머니 생일에 드릴 사과 타르트까지도 만드는데요. 아기자기한 그림체가 요리 레시피와 잘 어울립니다.

『하늘에서 음식이 내린다면』
쥬디 바레트 글 • 론 바레트 그림 • 홍연미 옮김 • 토토북

하늘에서 음식이 내려오는 '꼭꼭 씹어 꿀꺽' 마을 이야기를 들려줍니다. 이 마을에는 식료품 가게가 없고, 식당 천장은 뚫려 있으며, 뉴스에는 일기예보 대신 음식 예보가 나옵니다. 오렌지주스 소나기가 내리기도 하고, 토스트 구름과 소시지 바람이 불기도 하는 마을입니다. 결국 음식으로 천재지변이 일어나게 되지요.

엄마의 책읽기

"인류가 요리를 시작하게 된 이유"

『요리 본능』
리처드 랭엄 지음 • 조현욱 옮김 • 사이언스북스

리처드 랭엄의 『요리 본능』은 인간이 어떻게 요리를 하게 되었고, 화식을 하면서 어떻게 진화했는지 설명하는 책입니다. 인류와 요리가 함께해온 오랜 역사를 되짚어봄으로써 요리가 문화인류학적으로 어떤 의미를 가지고 있는지 설명하는데, 재미있게 읽을 만합니다.

　사람들은 음식을 익혀 먹기 시작하면서 날것으로 먹을 때보다 에너지를 절약할 수 있게 되었습니다. 남는 에너지 덕분에 생물학적으로 매우 유리해져서 생존율과 번식률이 높아졌고 유전자를 더 널리 퍼뜨릴 수 있었습니다. 익혀 먹지 않고 생식을 하는 사람들에 대한 실험 결과가 나왔는데, 여성의 경우는 생리가 불규칙해지면서 불임률이 높아졌다고 하네요. 생식을 하면 번식 기능이 저하된다는 사실은 진화의 역사에서 생식이 화식보다 훨씬 성공률이 낮았으리라는 의미이기도 합니다. 화식은 영양가와 소화하는 속도를 높였다고 하니, 요리가 인류에게 미친 영향이 상당하지요?

익힌 음식의 장점으로는 첫째, 날것보다 소화하기가 쉽습니다. 익힌 음식은 소화가 잘되고 성장을 촉진합니다. 둘째, 익힌 음식에 적응한 덕분에 인류종 전체의 에너지 이용 효율이 높아졌습니다. 대형 유인원과 비교할 때 인간은 장이 작아져서 에너지 소모량의 10퍼센트를 절약할 수 있었고, 이는 뇌 발달로 연결되었습니다.

인류의 뇌가 발전할 수 있었던 원동력이 화식이라는 주장은 흥미롭습니다. 뇌의 무게가 차지하는 비율은 인체의 2.5퍼센트에 지나지 않지만, 뇌가 사용하는 에너지는 인체의 기본 대사율의 20퍼센트나 됩니다. 그 이유는 인간의 뇌가 아주 크기 때문입니다. 인간은 깨어 있을 때만 아니라 자고 있을 때도 뉴런이 항상 활성화되어 있으므로 뇌로 유입되는 에너지는 계속 높은 수준으로 유지되어야 합니다. 따라서 큰 뇌를 갖도록 진화하기 위해서는 뇌에 에너지를 안정적으로 공급하는 능력이 중요합니다. 인류는 화식을 통해 고기에서 높은 영양가를 섭취하고 소화하는 속도도 높인 것입니다. 음식의 질이 개선됨으로써 뇌 용량의 증가가 가능해졌다는 의미이지요.

음식을 나누어 먹는 행위, 성별 분업에 대한 설명도 나와 있습니다. 남성이 여성보다 높은 권력을 가지게 된 이유를 음식을 먹는 행위를 통해 설명합니다. 이는 인류 사회에서 요리가 왜 여성의 몫이 되었는가라는 질문에서 시작하는데, 인류가 익혀 먹는 요리에 의존하면서 음식은 소유할 수 있고 주거나 받을 수 있는 대상이 됩니다. 이 과정에서 여성이 요리를 전담하게 된 배경이 드러납니다.

보통 언어(말)의 시작이 인류 역사의 시작과 궤를 같이하는 것으로 이해하지만, 이 책은 인류 역사의 시작을 요리의 시작으로 설명하는 점이 특징입니다.

03

음식은 어떤 역사를 가지고 있을까?

『소금 세계사를 바꾸다』
마크 쿨란스키 글 · S. D. 쉰들러 그림 · 안효상 옮김 · 웅진주니어

아이를 낳아 기르다 보면 내 아이가 신동이 아닐까 하는 생각이 들 때가 있습니다. 눈에 띄는 재능이나 특이한 점이 있을 때도 그러하지만, 무언가 특별한 구석이 있기를 바라는 마음이 그런 생각을 하게 만들기도 합니다. 저 역시 아이가 독특한 뭔가가 있다고 느껴지면 "어머, 얘, 신동 아냐?"라는 말을 자주 하곤 했습니다. 학습적인 재능은 아니었고, 대부분 음식과 관련한 재능이었습니다. 예를 들어 성

연이는 어릴 적 '후각 신동' 혹은 '먹거리 신동'이라고 불리던 적이 있습니다. 아이의 후각은 남달랐습니다. 엘리베이터에서 잠깐 스친 아이가 방금 전 먹은 과일 젤리의 냄새를 기가 막히게 맡곤 복숭아 맛인지, 포도 맛인지 구분해내고는 사달라고 조르곤 했습니다.

그래서일까요? 아이들이 커가면서 가장 관심 있는 분야 중 하나가 식료품에 대한 기원과 역사였습니다. 이 분야에 관심이 많다 보니 관련 책을 많이 읽습니다. 이제는 제게 설명해줄 정도가 되었습니다. 예를 들면 "소시지는 언제 처음 먹기 시작한 줄 아세요?"라거나 "통조림은 누가 개발했는지 아세요?" 등의 질문을 저에게 던집니다. 얼마 전에는 불고기를 먹고 있는데 후추 이야기가 나왔습니다. "엄마, 예전에 후추가 얼마나 귀하고 비쌌는지 아세요?"라고 말을 꺼내더니, 서양에서는 후추를 차지하기 위해 동양을 식민지로 삼았다는 이야기, 조선 시대에 후추가 매우 비쌌다는 이야기도 들려줍니다. "뭐? 조선 시대에도 후추가 있었다고?" 관련된 책을 좀 더 읽어봐야겠습니다.

식료품에 대한 역사를 다루는 책은 종류도 많고 다양합니다. 역사를 좋아하는 아이들이라면 더욱 흥미를 느낄 수 있습니다. 관련하여 여러 그림책들이 나와 있으니 익숙하게 생각하는 식료품부터 시작해보면 좋겠습니다. 그래서 골라본 책이 마크 쿨란스키의 『소금 세계사를 바꾸다』입니다. 마크 쿨란스키는 요리사이면서 작가로, 식료품에 대한 책을 많이 펴냈습니다. 이 그림책은 고대부터 현대까지, 소금이 어떻게 역사를 바꾸었는지 흥미롭게 들려주고 있습니다. 저자가 요리사이기 때문에 간장 만들기, 케첩 요리법과 같은 요리 상식도 실려 있습니다. 인간이 소금을 얻기 위해 어떤 노력을 기울였고, 대항해시대가 어떻게 열리게 되었는지도 설명합니다. 소금과 관련하여 모든 정보가 빼곡히 담겨 있습니다.

책은 에스파냐 산골의 작은 마을에서 가져온 소금 암석에 대한 이야기로 시작합니다. 소금 암석을 창가에 올려놓았더니, 암석 표면에 하얀 결정체가 나타났습니다. 암석 밑으로 소금물이 흥건하게 흘렀는데 햇볕을 받으며 하얀 육면체 결정이 생겼습니다.

먼저 소금이란 어떤 물질인지 설명하는데, 소금은 나트륨과 염소가 결합해 만들어진 화합물입니다. 인간이 먹는 유일한 암석으로, 인간만이 아니라 모든 포유류는 살아가기 위해 염화나트륨을 섭취해야 합니다. 호흡과 소화에 필요하기 때문입니다. 소금이 없다면 신체는 영양분, 산소, 자극 등을 전달할 수 없습니다.

그렇다면 소금은 어떻게 구할 수 있을까요? 소금을 찾아내는 방법은 네 가지가 있습니다. 소금 광산, 바다, 지하의 샘, 땅속에 있는 암석인데, 가장 많이 얻을 수 있는 곳은 바다입니다. 그러나 바닷물은 오랫동안 끓여야 물이 증발한 후 소금이 남기 때문에 돈이 가장 많이 듭니다. 그래서 사람들은 바닷물을 가두어두는 인공 연못, 즉 염전을 만들었습니다. 햇볕을 이용해 바닷물을 증발시키는 것이지요. 이 과정은 아주 느려서 소금 결정체를 얻는 데 1년 이상의 시간이 걸린다고 합니다. 땅속에 묻혀 있는 암석도 있습니다. 루이지애나와 텍사스 등 미국 여러 곳에 커다란 암석으로 된 소금 광산이 있습니다.

　이 책에서는 소금이 어떻게 문명을 일구게 해주었는지를 설명합니다. 소금으로 세운 왕조인 고대 중국의 이야기와, 고대 이집트인들이 죽은 사람의 몸을 깨끗이 씻은 다음 소금을 뿌려 영원히 보존하는 미라를 만든 과정을 알려줍니다. 유럽의 소금 교역도 나옵니다. 로마제국이 무너진 후 지중해는 유럽 소금 교역의 중심지였습니다. 베네치아와 제노바는 지중해의 소금을 두고 오랫동안 싸웠고, 마르코 폴로와 같은 베네치아 상인들은 아시아에서 향신료와 비단을 가져오기 위해 소금에 절인 음식을 먹으면서 육로로 먼 거리를 여행해야 했습니다.

　이 책을 읽고 났더니 아무렇지 않게 쓰던 소금이 새롭게 다가옵니다. 지금은 어디에나 있고 값도 싸지만, 예전에는 소금을 두고 오랫동안 싸울 만큼 값진 것이었다는 사실을 알게 되었으니까요. 아이들은 향신료가 지금은 흔하지만 예전에는 귀했다는 사실을 확실하게 깨달았습니다.

📖 엄마와 아이가 함께 읽고 나눈 생각 대화

아이들은 식료품의 역사를 다룬 책을 좋아합니다. 소금은 일상생활에서 흔히 접하기 때문에 더 재미있게 이야기를 나눌 수 있었습니다.

엄마   책에 자연에서 소금을 얻는 다양한 방법이 나오더라. 사람들은 소금을 어떻게 얻고 있지?

준   지난번에 여행 갔을 때 염전에 가본 적이 있잖아요. 그래서 바다에서 소금을 얻는 방법은 알고 있었는데요. 소금 호수나 광산이 있다는 사실은 몰랐어요.

엄마   맞아. 나도 소금을 얻는 방법이 네 가지나 되는지 잘 몰랐는데 신기했어. 그런데 사람들은 왜 소금을 귀하게 여겼을까?

연   소금은 만드는 과정이 쉽지 않기 때문에 귀했어요. 바다의 염전에서 소금을 만들어내기까지 기간이 오래 걸리고, 돈도 많이 들어가는 작업이라서요.

엄마   소금은 사람들의 생활을 어떻게 바꾸어주었을까?

준   소금으로 간을 할 수 있어서 음식을 더 맛있게 먹을 수 있게 되었어요.

연   그리고 음식을 더 오래 저장할 수도 있어요.

엄마   그런데 옛이야기에는 소금이 나오는 경우도 많은 것 같아. 소금에 대한 동화 중에 생각나는 게 있어? 동화 속에서 소금은 어떻게 묘사되어 있지?

준   어떤 사람이 뭐든지 나오게 하는 맷돌을 가지고 배를 타게 되었는데, 맷돌에서 소금이 나와서 결국은 배가 가라앉았고 그래서 바닷물이 짜게 되었다는 동화가 기억나요.

엄마   맞아. 그런 동화가 있었지? 그런데 왜 그 사람은 하필이면 맷돌에서 소금이 계속 나오게 했을까?

준   아마도 그만큼 소금이 귀했기 때문에 이런 이야기가 만들어졌지 않을까요?
엄마 이 세상에서 소금과 바꾸어도 아깝지 않은 것은 어떤 것이 있을까?
연   보석 중 에메랄드요.

평소에도 반짝거리는 것들을 좋아하는 편이라서 소금처럼 귀한 것은 보석이라고 생각했나 봅니다.

> 함께 읽으면 좋은 책

"설탕은 음식에 들어가면
아주 놀라운 요술을 부리지."
『설탕 따라 역사 여행』 중에서
(김곰 글 · 김소영 그림 · 너머학교)

 세계사를 쉽게 이해하는 방법 중 하나는 소금이나 설탕, 후추, 빵, 면과 같은 식료품의 역사를 통해 이해하는 것입니다. 특히 식료품은 일상에서 흔하게 볼 수 있기 때문에 쉽게 접근할 수 있습니다. 향신료와 식료품의 역사는 항해의 시대가 열린 후의 제국주의와 연결되어 있습니다. 소금, 후추, 대구의 역사를 설명하는 그림책을 소개해봅니다.

『설탕 따라 역사 여행』
김곰 글 · 김소영 그림 · 너머학교

 설탕이 바꾼 식탁의 풍경과 역사의 흐름을 보여주는 역사 그림책입니다. 인도, 유럽과 조선 등을 넘나들며, 고대에서 현대까지 설탕을 둘러싼 이야기를 들려줍니다. 설탕은 인도에서 최초로 만들어져 이슬람교도들에 의해 유럽에 알려졌는데, 흑사병이 돌 때 처방으로 쓰이기도 했습니다. 그러다가 17세기가 되면서 가난한 영국인의 주된 열량 섭취 수단 중 하나가 될 만큼 널리 퍼졌습니다. 그 이면에는 라틴아메리카와 아프리카, 유럽을 잇는 삼각무역이라는 비극적 사건이 있었습니다. 우리나라의 경우 설탕은 귀했기 때문에 꿀이나 조청으로 단맛을 내었습니다. 조청이 훨씬 서민적이었고, 설탕은 귀해서 왕들이 약으로 먹기까지 했다는 사실이 흥미롭습니다.

『세계사를 바꾼 향신료의 왕 후추』
김향금 글 • 이선주 그림 • 웅진주니어

후추나무는 열대 지방에서 자라는데, 꽃이 떨어지고 나면 열매가 열립니다. 로마 사람들은 인도로 후추를 사러 가서, 인도에서 후추를 들여온 바닷길을 스파이스 루트라고 불렀다고 합니다. 후추가 검은 황금이라고 불릴 정도로 귀한 향신료였다는 점, 콜럼버스가 황금과 향신료를 구하러 인도로 가다가 아메리카 대륙을 발견했다는 점이 인상적이었습니다.

『대구 이야기』
마크 쿨란스키 지음 • 이선오 옮김 • 미래엠앤비

어부이며 요리사이기도 한 마크 쿨란스키는 대구에 대해 7년 동안 취재하여 이 책을 썼습니다. 원래 어른용 책이 있는데 이를 그림책으로 펴냈습니다. 대구를 말려서 망치로 두들겨 먹었다는 것, 대구를 24시간 화장실 물탱크 속에 담갔다는 이야기, 노예에게 질 나쁜 대구를 준 이야기 등을 아이들은 재미있어했습니다. 대구 어획권과 관련하여 많은 나라들의 이권 다툼이 있었다는 사실이 신기했습니다. 저자는 책의 말미에서 대구의 수가 점점 줄어들고 있고 앞으로는 사라질지도 모른다고 하면서, 대구가 사라지면 바다표범도 사라지는데 인간은 어떻게 될지 질문을 던지고 있습니다.

| 엄마의 책읽기 |

"식료품의 역사는 아무리 읽어도 질리지 않아요"

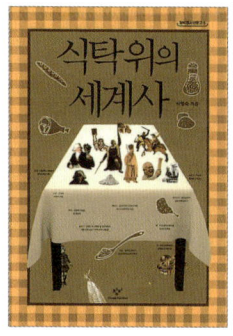

『식탁 위의 세계사』
이영숙 지음 • 창비

『식탁 위의 세계사』는 감자, 소금, 후추, 돼지고기, 빵, 닭고기, 옥수수, 바나나, 포도, 차 등 익숙한 먹을거리와 연결하여 역사적 사건을 설명하는 청소년 교양서입니다. 요즘은 이런 방식으로 세계의 역사를 다루고 있는 책이 많이 출간되지요. 이 책이 창비 청소년 도서상에 선정되던 2012년만 해도 매일 마주하는 식탁 위의 음식과 세계의 역사를 연결하여 설명하는 책이 많지 않았습니다.

이 책은 음식의 유래와 세계사의 핵심적인 사건을 연결해서 설명합니다. 예를 들면 문화대혁명, 아편전쟁과 같은 굵직한 사건도 등장합니다. 콜럼버스가 항해에 나선 이유는 후추 때문이었습니다. 러시아의 지도자 흐루쇼프는 옥수수를 대량 수입하였고, 유럽에 있던 포도가 아메리카 대륙에서 재배될 수 있었던 것은 콜럼버스가 신대륙에 방문할 때 유럽대륙에서 포도나무를 가져갔기 때문입니다. 여기에 실린 열 가지의 이야기는 독립적이어서 순서대로 읽지 않아도 괜찮습니다.

제국주의와 식민지 지배의 대부분이 식료품과 연관되어 있다는 사실이 새삼 놀랍습니다. 예를 들어, 감자와 소금의 역사에는 공통점이 있는데, 둘 다 제국주의 시대의 영국과 식민지에서 일어난 사건과 관련이 있다는 점입니다. 아일랜드는 감자로 겨우 연명하고 있었는데, 1800년대에 감자 기근이 들어서 100만 명이 넘는 사람들이 굶어 죽었습니다. 애초에 영국은 피해가 커질 만한 배경을 만들어놓았고 피해가 커져도 방관만 하고 있었으므로, 아일랜드인들은 안 그래도 영국의 지배에 불만을 갖고 있던 터라 매우 심하게 저항하였습니다. 오랜 저항 끝에 결국 아일랜드인들은 영국으로부터 독립합니다. 아일랜드의 식민지 지배와 독립의 역사를 보면서 우리나라와 비슷한 역사를 겪었다는 점에서 감정이입이 되기도 하였습니다.

소금의 경우, 인도와 영국의 갈등에서 사건이 발생했습니다. 간디는 영국의 면제품을 사용하지 않겠다며 스스로 지은 작물로 옷을 만들어 입었습니다. 영국이 소금에 부과하는 세금인 소금세를 매기겠다고 하자, 간디는 바다까지 행진하는 소금 행진을 합니다. 무더운 날에 장장 370킬로미터를 걸어서 바다에 도착한 그와 그를 따라온 수많은 사람들은 바닷가에서 스스로 소금을 구해다 사용하였습니다.

식탁 위에 흔히 오르는 음식이기 때문에 식사를 하면서 이 책의 내용으로 이야기를 나누어볼 수도 있겠습니다. 식료품의 역사와 기원을 알려주는 책이 많은데, 이 책을 시작으로 음식의 역사를 다룬 다른 책을 이어서 읽어보는 것도 좋겠습니다.

04

신은 어떤 존재일까?

『신과 거인의 이야기 북유럽 신화』
에드거 파린 돌레르, 인그리 돌레르 글/그림 · 이창식 옮김 · 시공주니어

아이들은 〈어벤저스〉 영화 시리즈의 열렬한 팬입니다. 그래서 아이들과 함께 영화를 보지만, 그다지 재미를 느끼지 못할 때가 많았습니다. 그러다가 토르가 북유럽 신화에 등장한다는 사실을 뒤늦게 알게 되었습니다. 신화라고 하면 그리스로마 신화만 알다가, 북유럽 신화를 읽어보니 그리스로마 신화보다 흥미로운 점이 많았습니다. 신이 질투와 경쟁 심리가 강하다는 것은 그리스로마 신화와 비슷한데,

읽다 보면 훨씬 더 인간적이라는 느낌도 들었습니다.

　북유럽 신화는 주로 신들과 거인들의 대립과 싸움, 내기와 겨루기, 모험과 위기 탈출 등을 다루고 있습니다. 거인과의 싸움이나 내기를 벌이는 부분의 내용들이 재미있고, 유머가 넘치는 부분도 많습니다.

　북유럽 신화를 그린 그림책을 찾다가 에드거 파린 돌레르와 인그리 돌레르의 『신과 거인의 이야기 북유럽 신화』를 읽었습니다. 신들의 모습을 담은 그림이 있어서 훨씬 이해가 잘되더군요. 중요한 신은 지혜의 신 오딘, 천둥의 신 토르, 불의 신 로키입니다. 오딘이 만든 세계 한가운데에는 거대한 물푸레나무 한 그루가 자라는데, 이 세계 나무를 이그드라실이라 부릅니다. 요툼하임에는 지혜의 샘이 있고 이 샘을 거인 미미르가 지키고 있는데, 오딘은 지혜를 얻기 위해 자신의 한쪽 눈을 내놓고 샘물을 마십니다. 토르는 힘이 세고 거칠며 로키는 교활하고 계략을 잘 짭니다. 자신에게 불리할 것 같으면 수단과 방법을 가리지 않고 상대방을 곤경에 빠트리는 인물입니다.

　그동안 책을 읽고 주로 대화를 나누었지만, 이번에는 놀이를 하면 어떨까 싶었습니다. 워낙 흥미 있어 하는 주제이기도 해서 신들의 인물 카드를 만들어보았습니다. 그림책의 경우, 중반까지는 인물 순으로 정리가 되어 있어서 각 신의 중요한 특징을 정리하기가 수월했습니다. 그런데 아이들이 잘 따라올지가 걱정이었습니다. 뭘 하자고 하면 무조건 하기 싫다고 하는 시기라서, 카드를 만들어보자고 하면 분명히 하기 싫다고 할 것 같습니다. 그러다가 문득 〈명탐정 코난〉

영화를 보고 와서 영화에 나온 '가루타'라는 놀이를 따라 카드를 만들던 일이 생각났습니다. 일단 물어보기로 합니다.

📖 엄마와 아이가 함께 읽고 나눈 생각 대화

엄마 애들아, 〈코난 진홍의 연가〉라는 영화, 본 적 있잖아? 거기에 나온 카드 놀이 가루타 기억나?

연 가루타요?

엄마 영화에 시구절을 듣고 카드를 먼저 집는 게임이었잖아. 그때 집에 와서 그거 본따 한시 카드를 만들었잖아? 기억 안 나?

영화에는 일본 전통 카드 놀이인 가루타가 나옵니다. 카드에는 시구절이 적혀 있는데, 앞부분만 듣고 먼저 카드를 집는 게임이었습니다. 영화를 보고 온 후 아이는 집에 와서 두꺼운 종이를 카드 크기로 잘라서 뒤편에 시구를 적은 후 게임을 한 적이 있습니다.

준 아, 기억나요. 근데 왜요?

엄마 이번에는 북유럽 신화 카드 만들기를 하면 어떨까? 어때, 재미있겠지?

준 아니요. 하기 싫어요.

역시 시큰둥한 반응입니다. 자신이 하고 싶은 일은 시키지 않아도 하지만, 제가 먼저 해보자고 하면 절대 하려고 들지 않습니다. 그래서 먼저 시작해봅니다. 종이를 가져와서 자르고, 색연필과 네임펜을 챙겼습니다. 아직 별다른 반응이 없습니다.

엄마 아, 오딘이 가지고 있던 창의 이름이 뭐였지? 생각이 안 나네.

혼잣말처럼 해본 말에 아이가 반응합니다. 알고 있는 것을 말하기 좋아하는 준서입니다.

준 아, 그건 궁니르예요.
엄마 어? 뭐라고? 궁리르?

일부러 잘 모르는 척해봅니다.

준 아니요. 궁. 니. 르라고요.
엄마 아. 궁니르. 근데 그 창의 특징이 뭐였지?
준 궁니르 앞에서 한 맹세는 절대로 깰 수 없어요.
엄마 그래? 그럼 종이 자르는 동안 그 내용을 여기에 써줄래?
준 네.

그다음부터는 아이들이 신나서 카드를 만들기 시작합니다. 준서는 열심히 카드를 만들어 내용을 쓰고, 성연이는 보드 게임판을 만듭니다. 아스가드르 보드판이라고 이름을 붙입니다. 카드를 다 만들어 펀칭을 하여 링을 끼운 다음 퀴즈를 시작했습니다. 관련 있는 단어 세 개를 말하여 이름을 맞히게 했는데, 세 개는커녕 한 개만 들어도 모두 맞혔습니다. 퀴즈 맞히기는 언제 어디서든 아이들이 즐거워하는 활동입니다.

> 함께 읽으면 좋은 책

> "아득한 옛날, 온 세상은
> 한 그루의 거대한 나무였노라
> 그 이름은 이그드라실, 위대한 물푸레나무"
>
> 『에다』 중에서
> (이경혜 글・프란츠 슈타센 그림・문학동네)

북유럽 신화는 그리스로마 신화와 차별성을 가지고 있습니다. 그리스로마 신화의 화려한 이야기에 익숙한 독자라면 다소 실망할 수도 있는데요. 그럼에도 신들과 거인들의 싸움, 내기와 겨루기, 모험과 위기 탈출의 이야기 구조는 아이들에게 흥미를 유발합니다. 북유럽 신화를 다루고 있는 책을 읽어보면서 그리스로마 신화와 비교하며 신화적 상상력을 느껴보면 좋겠습니다.

『어린이를 위한 북유럽 신화』
헤더 알렉산더 글・메레디스 해밀턴 그림
황소연 옮김・봄나무

오딘, 토르, 로키 그리고 거인과 괴물의 판타지를 다루고 있습니다. 기본적인 신화의 배경지식을 먼저 설명해줍니다. 북유럽 신화에는 신과 여신, 거인이 수없이 등장합니다. 이들은 협력하거나 맞서는 등 복잡한 관계를 이루고 있습니다.

『둥글둥글 지구촌 신화 이야기』
김춘옥 글 • 윤유리 그림 • 풀빛

여러 나라의 신화를 설명하는 책입니다. 우리나라 바리데기 신화와 단군 신화부터 유럽의 그리스로마 신화 등 전 세계 각국의 신화를 대륙별로 알려줍니다. 동아시아, 인도, 메소포타미아와 페르시아에서 전해오는 창조 신화와 건국 신화도 소개되어 있습니다. 북유럽 신화, 켈트족의 신화, 아메리카 원주민의 신화와 태양신을 중심으로 하는 이집트 신화, 남태평양 일대에 흩어져 있는 섬들의 신화도 나와 있습니다.

『토르의 황금 밧줄을 찾아서』
존 토드 스탠튼 글/그림 • 정수진 옮김 • 청어람아이

아이슬란드의 작은 마을에 사는 아서는 숲속의 신비한 생물을 좋아합니다. 아서는 숲속을 탐험하며 특이한 물건을 하나둘 모으기 시작했습니다. 어느 날 숲속에서 마주친 거대한 괴물 늑대는 아서가 사는 마을로 달려가 마을을 망가뜨리고 사람들을 다치게 합니다. 또 마을을 따뜻하게 만들어주는 큰 불을 쓰러뜨려 꺼트리고 맙니다. 마을의 불을 다시 타오르게 하려면 바이킹 신들의 나라에 사는 천둥 신 토르가 불을 내려주어야 합니다. 토르를 만나기 위해 아서는 신의 궁전 발할라로 떠납니다.

엄마의 책읽기

"북유럽 신화의 상상력"

『북유럽 신화』
닐 게이먼 지음 • 박선령 옮김 • 나무의철학

그리스로마 신화는 모두에게 익숙한 반면, 북유럽 신화는 대중적으로 잘 알려지지 않다가 최근 여러 영화 등에 소개되면서 알려지기 시작했습니다. 북유럽 신화의 내용은 주로 신들과 거인들의 대립과 싸움, 내기와 겨루기, 모험과 위기 탈출 등입니다. 신과 거인은 싸우기도 하고 결혼하기도 하는 관계라서 적대적이라고만 보기는 어려운데, 하나의 인물 속에 내재하는 상반된 면모라고 보는 것이 합리

적이라는 해석도 있습니다. 북유럽 신화에 나오는 신들은 불멸의 존재가 아니라 인간처럼 죽는데, 인간적인 신들의 모습에서 인간 본성을 엿볼 수 있습니다.

닐 게이먼은 단편적인 신화의 내용을 모아 『북유럽 신화』에서 흥미진진한 이야기를 선사합니다. 대개의 신화가 그렇듯이 폭력적인 장면도 많은 편입니다. 거인과의 싸움이나 내기를 벌이는 부분이 가장 재미있고, 중간중간 유머가 넘치는 부분도 많습니다. 신화적 상상력을 흠뻑 느끼고 싶다면 읽어볼 만합니다.

신들과 난쟁이들의 탄생의 시초는 이러합니다. 태초에 거인 이미르가 있었습니다. 암소가 핥은 소금 돌에서 남자 부르가 생겨나고, 다시 아들 뵈르를 낳습니다. 뵈르는 다시 오딘, 베, 빌리라는 세 아들을 낳습니다. 뵈르의 아들들은 이미르가 낳은 거인들이 계속 늘어나자 거인 이미르를 죽입니다. 오딘과 형제들은 죽은 이미르의 몸으로 세계를 만들고, 죽은 이미르의 살 속에 생겨난 구더기로 난쟁이를 만듭니다. 난쟁이들은 땅속에 살면서 귀한 돌을 가공하여 보물을 만드는 대장장이가 됩니다.

신들 중 중요한 인물은 지혜의 신 오딘, 천둥의 신 토르, 불의 신 로키입니다. 오딘이 만든 세계 한가운데에는 거대한 물푸레나무 한 그루가 자라고 있는데 이 세계나무를 이그드라실이라 부릅니다. 요툼하임에는 지혜의 샘이 있는데 이 샘은 거인 미미르가 지키고 있습니다. 오딘은 지혜를 얻기 위해 자신의 한쪽 눈을 내놓고 샘물을 마십니다.

로키는 교활하고 계략을 잘 짜는 인물입니다. '최고의 성벽 건축가'라는 에피소드에서는 암말로 변해서 성벽을 쌓는 거인의 말 스바딜파리를 유인해서 거인이 마지막 날 성벽을 쌓지 못하게 합니다. 거인은 결국 토르의 망치를 맞고 죽습니다. '신들의 보물'이라는 에피소드에서는 이발디의 아들이 세 명의 난쟁이들과 브로크, 에이트리라는 난쟁이들을 동원하여 여러 보물을 만들게 한 후, 신들이 이를 각각 가지게 합니다. 이때 토르의 망치, 오딘의 창 궁니르, 프레이의 굴린부르스티 등이 만들어집니다. 브로크는 로키의 머리를 자르고 싶었지만 결국 베지 못하고, 송곳을 꺼내 로키의 입술에 구멍을 뚫고 입술을 꿰매버립니다.

토르는 힘이 세고 거친 인물이라 망치로 거인들을 죽입니다. 북유럽 신화는 다른 신화에 비해 과다한 폭력성이 드러납니다. 로키의 최후를 보면 더욱 그러합니다. 로키의 아들을 죽여 창자로 그를 족쇄처럼 묶고, 뱀의 독액이 얼굴에 떨어지게 합니다.

유럽 중남부와 달리 북유럽은 차가운 바다, 자욱한 안개, 혹독한 추위에 끊임없이 시달렸기 때문에 이러한 폭력성이 두드러지는 게 아닐까 생각해봅니다. 북유럽 신화의 결말에서 신은 죽음을 맞이합니다. 추위와 거친 환경에 시달리다 보니 암울한 운명을 숙명처럼 받아들인 것일까요? 오딘은 종말을 막기 위해 노력했지만, 결국 신들은 최후를 맞이합니다.

돈을 버는 방법이 궁금해요

『레몬으로 돈 버는 법』
루이스 암스트롱 지음 • 빌 바소 그림 • 장미란 옮김 • 비룡소

"엄마, 한계효용(marginal utilty)이 뭐예요?"

"응? 어디에 나왔는데?"

이런, 이렇게 어려운 걸 질문하다니요. 아이가 푸는 영어 문제집에 이 단어가 등장했습니다. 얼핏 보니 내용 자체는 그리 어렵지는 않아 보입니다. 하지만 아이가 이 단어의 뜻을 이해하기는 쉽지 않겠지요. 마침 독서 모임에서 경제학 책을 읽고 있어서 얼른 책을 펼쳐서 찾아보았습니다. 그리고 아이에게 이렇게 설명해주었습니다.

한계효용을 설명하기 위해 얼마 전에 산 극세사 잠옷을 예로 들었습니다. 성연이는 부드러운 촉감을 아주 좋아해서 집에만 오면 극세사 잠옷으로 바로 갈아입습니다. 반면 준서는 몸에 열이 많아 더운 것은 질색합니다. 그래서 한번 입어보더니 바로 벗어버리고는 다시는 입지 않았습니다. 입겠다고 해서 샀는데 말이죠.

"같은 극세사 잠옷이지만 이 옷은 서로에게 가치가 달라. 성연이는 이 잠옷을 2만 원을 주고 샀지만 이 옷의 가치가 5만 원도 더 되는 거야. 지불한 비용에 비해 효용이 높기 때문에 이 옷을 정말 잘 산 거지? 하지만 준서는 2만 원을 주고 옷을 샀지만 1만 원의 가치도 없는 거나 마찬가지야. 그러니 이 옷을 살 필요가 없었지. 앞으로도 너희들이 지불한 돈에 비해 효용이 넘어설 때만 그 물건을 사는 게 좋아"라고 설명해주었습니다. 아이들은 쉽게 이해하더군요. 잠옷에 대한 효용이 높은 성연이는 잠옷 두 개를 번갈아가며 부드러움을 누리게 되었지요.

비슷한 개념인 가격의 탄력성도 함께 설명해주었습니다.

"준서야, 네가 망고주스를 1,000원에 늘 사 먹었는데 어느 날 가보았더니 1,500원에 팔고 있는 거야. 그러면 망고주스를 사 먹을 거야, 안 사 먹을 거야?"

"사 먹을 거예요."

"그럼 어제까지 박하사탕 한 봉지가 1,000원이었는데 어느 날 갔더니 1,500원에 파는 거야. 그럼 박하사탕 한 봉지를 사 먹을 거야,

안 사 먹을 거야?"

"안 사 먹을 거예요."

"그래. 그럼 너에게 망고주스는 '비탄력적'인 상품이고, 박하사탕은 '탄력적'인 상품이 되는 거야."

탄력성이란 물건의 가격 변화에 대한 사람들의 반응을 뜻합니다. 어떤 상품의 가격이 상승했을 때 그 상품에 대해 소비가 줄었다면 그 상품에 대한 소비는 탄력적이라고 말할 수 있습니다. 반대로 가격이 상승했는데도 소비가 줄어들지 않고 그대로 유지되었다면 그 상품에 대한 소비는 비탄력적이라고 할 수 있습니다. 이 개념은 아이들이 먹기 좋아하는 것(망고주스)과 먹어도 그만, 안 먹어도 그만인 상품(박하사탕)으로 비교해서 설명을 해주었는데 한번에 이해하더군요.

저는 돈이나 금융에 대한 개념은 어릴 때부터 익히는 게 좋다고 생각하는 편입니다. 아이들이 더 어렸을 때는 비교해서 설명하는 방식을 자주 이용했습니다. 꼭 필요하지 않은 무언가를 사달라고 졸라댈 때 "이건 짜장면 열 그릇과 같은 금액이야"라는 식으로 아이들에게 익숙한 다른 물건의 값에 비교해서 설명해주곤 했습니다.

돈에 대한 생각과 돈을 쓰는 방식은 서로 차이가 있습니다. 타고난 성향이 돈에 대한 생각과도 연결되어 있습니다. 준서는 매사에 조심성이 많고, 정해진 선을 넘어서는 것을 조심스러워하는 성격입니다. 그러다 보니 원하는 것을 다 사기보다는 꼭 필요한 것만 사고, 같은 효용이면 좀 더 값이 싼 것을 사는 편이 좋다고 생각합니다. 반면에 성연이는 비싸더라도 좋은 것을 사야 한다고 여깁니다. 아이들은 돈이란 은행에 가면 다 주는 걸로 생각하기도 했습니다. 장난감을 사달라고 졸랐을 때 "돈이 없어서 못 사줘"라고 대답하면 은행에 가서 가져오라고 하였지요. 그래서 돈을 어떤 방식으로 벌고 지출을 하는지 이해하는 게 필요하겠구나 싶었습니다.

경제 용어를 설명해주다 보니 저도 공부를 하게 되어서 좋았습니다. 아이들이 돈에 대해서 궁금해할 때 맨 처음 읽은 책은 루이스 암스트롱의 『레몬으로 돈 버는 법』이었습니다. 그림책의 내용이 길지 않고 쉽게 쓰여 있다는 게 장점인데, 기본적인 개념은 다 들어 있어서 유익합니다.

레모네이드를 만들어 파는 짤막한 시장 놀이 이야기와 익살스러운 그림을 통해 어렵고 딱딱하게 생각될 수 있는 원료, 가격, 경쟁, 투자, 임금, 실업 등의 경제 용어의 개념을 쉽고 재미있게 풀어냈습니다. 책을 읽어주면서 처음 듣는 경제 용어는 적어보고 그 뜻을 정리하게 하였습니다. 1권은 어린이가 배우는 경제와 시장 원리 개념에 대해 소개하고 2권은 불황에서 경제를 회복하는 과정에 대해 정리하고 있습니다.

책을 읽기에 앞서 "돈은 왜 필요할까?" "돈은 꼭 많아야 할까?" "돈을 벌려면 어떻게 하지?" 등의 이야기를 나누어보았습니다. 돈은 왜 필요한지, 돈이 많으면 행복한지 등에 대한 철학적 주제와 어떻게 돈을 벌어야 하는지 그 방법에 대해서도 의견을 나누어보았습니다. 용돈을 받는 방법에 대해 이야기해본 후 심부름 가격표를 만들어보는 시간을 가졌습니다.

📖 엄마와 아이가 함께 읽고 나눈 생각 대화

엄마 우리가 살아가는 데 돈은 왜 필요할까?

준 물건을 사려면 돈이 필요하죠. 또 일을 하고 나서 그 대가로 돈을 받기도 해요.

엄마 그럼 돈은 많으면 많을수록 좋을까?

연 돈이 많으면 원하는 것을 살 수 있으니까 좋겠지만, 그러면 꼭 필요한 물건이 아니어도 살 것 같아요. 또 가지고 싶은 물건을 사도 별로 안 기쁠 테고요.

엄마 돈을 벌려면 어떻게 해야 할까? 돈을 버는 것과 관련하여 집에서 할 수 있는 일은 무엇이 있을까?

준 일을 하면 되죠. 저희는 아직 어리니까 일을 할 수 없지만 심부름은 할 수 있어요. 또 집에서 쓰지 않는 물건을 중고시장에 팔 수도 있고요. 심부름을 할 때마다 용돈을 받을 수도 있지요. 청소나 설거지는 500원, 쓰레기 버리는 일은 300원 정도로 심부름 가격표를 만들어볼게요.

그러더니 심부름 가격표를 만들었습니다. 온갖 심부름을 다 적고 나더니 금요일엔 50%를 할인해주겠다고 하네요.

엄마	레모네이드를 더 많이 팔기 위해서 너라면 어떻게 할 것 같니?
준	레몬을 대량으로 좀 더 싸게 사서 재료비를 낮추고 가격을 낮추면 어떨까요? 당장의 이익은 줄어들지만 더 많이 팔면 비슷해질 거예요.
연	마실 때마다 쿠폰이나 도장을 찍어주면 어떨까요? 가게에서는 그렇게 하던데요. 아니면 한 잔 사면 한 잔 더 주는 방법은 어떨까요?
엄마	레모네이드 대신 다른 것을 판다면 어떤 것을 팔고 싶니? 왜 그렇게 생각했어?
준	다른 음료수도 같이 팔면 어떨까요? 아니면 음료수랑 같이 먹을 수 있는 과자 종류도요. 초코 쿠키를 같이 팔아보고 싶어요.

이야기를 끝낸 후에 레모네이드를 많이 팔기 위한 광고 전단지도 만들어보았습니다.

> 함께 읽으면 좋은 책

"나도 카드 가질래요.
엄마처럼 돈이 나오는 카드요.
그럼 난 돈을 100장 뽑을 거예요."

『나는 왜 돈이 없어?』 중에서
(브리지트 라베 글·에릭 가스테 그림·정지현 옮김·문학동네)

아이에게 언제 돈에 대해 가르쳐주어야 하는지 고민하게 되는데, 돈에 대해 다루고 있는 그림책들이 계속해서 출간되는 것도 비슷한 이유로 보입니다. 돈을 주제로 하는 책이 많아서 몇 권을 고르기가 쉽지 않았는데요. 비슷한 방식으로 돈에 대해 소개하고 있는 경우가 많아서였습니다. 그중에서 아이와 이야기하기 좋은 책들을 골라보았습니다.

『돌고 도는 돈』
발레리 기두 글·브뤼노 하이츠 그림
김예령 옮김·시공주니어

이 책에서는 어린이들에게 경제에 대해 알려줍니다. 돈의 쓰임새, 화폐의 역사, 물건의 가격이 정해지는 과정, 자본과 노동 등 여러 가지 경제 개념을 쉽게 풀어내고 있습니다. 경제 상황을 묘사한 그림은 경제 개념에 대한 이해를 높여주고, 경제에 대한 궁금증을 풀어줍니다. 책의 뒷부분에 경제와 관련해서 여러 문제점이 정리되어 있는데, 아이와 토론하기 좋은 주제입니다.

『돈이 뭐예요?』

게리 베일리, 펠리시아 로우 글
마이크 필립스, 로지 브룩스 그림
우순교 옮김 • 시공주니어

돈에 관련한 모든 내용이 총망라된 책입니다. 돈이 어떻게 등장했고 변화했는지에 대해 알려주고 있습니다. 그리고 앞으로 어떻게 변화할지에 대해서도 소개되어 있습니다. 조폐 과정, 동전 수집, 위조지폐, 수표의 역사와 종류, 환전 등 돈과 관련한 정보들이 연관 정보와 함께 자세하게 설명되어 있는 것이 특징입니다. 국내 총생산, 최저 임금제 등의 경제 용어와 세계 대공황 같은 경제사에 대해서도 다루고 있어 다양한 정보를 원하는 아이라면 백과사전처럼 읽어볼 만합니다.

『돈, 돈, 돈이 궁금해』

은예숙 글 • 김고은 그림 • 웅진주니어

외계인들을 통해 돈에 대한 기초 개념과 특징, 돈을 어떻게 다루어야 하는지 알려줍니다. 안드로메다 행성에 살고 있던 외계인들이 지구의 대한민국으로 소풍을 옵니다. 외계인 선생님과 아이들은 지구로 소풍을 가기 위해 필요한 돈을 챙깁니다. 돈을 잘 모르는 아이들은 선생님께 질문하여 돈에 대해 배웁니다. 선생님은 아이들에게 돈의 특징과 돈이 만들어지는 과정, 사용법, 돈을 소중하게 다뤄야 하는 이유 등을 설명합니다. 마지막에는 돈의 숨은 비밀, 돈의 역사적 배경과 위조지폐 방지를 위한 노력 등에 대한 정보를 담고 있습니다.

엄마의 책읽기

"자본주의의 작동 원리"

『EBS 다큐프라임 자본주의』
EBS 자본주의 제작팀 지음 · 가나출판사

다큐프라임 5부작의 내용을 책으로 엮은 것입니다. 방송을 바탕으로 정리한 글이라서 이해하기 쉽게 정리된 것이 장점입니다. 인류의 역사 500만 년을 하루 24시간으로 환산했을 때 자본주의가 출현한 시간은 23시 59분 56초입니다. 초기에는 자본주의가 이렇게까지 성공적으로 뿌리를 내릴 거라고는 예측하지 못했지요. 총 5장으로 구성되어 있는데, 이 중 '1부 빚이 있어야 돌아가는 사회, 자본주의의 비밀'은 자본주의의 작동 원리를 알기 쉽게 설명하고 있습니다. 금태환 제도가 폐지된 이후로 돈은 실체 없는 종이가 되었고, 은행은 내가 맡긴 돈을 타인에게 빌려주어 돈을 법니다. 필연적으로 누군가는 돈을 갚을 수 없는 상태가 되는 것이지요. 게다가 돈은 계속 불어나기에 물가는 절대 내려갈 수 없습니다.

2부는 금융 지능, 금융 이해력이 왜 필요한가에 대해 설명합니다. 학교에서는 금융 이해력을 가르쳐주지 않습니다. 그런데 개인이나 가계의 금융 의사결정은 개개인이 지닌 금융 이해력에 의해 좌우됩니다. 내가 투자하면서 투자하는 상품의 손익이 어떤지 모른다는 건 말이 되지 않습니다. 따라서 금융 이해력은 우리가 갖추어야 할 필수 능력입니다.

4부는 경제학자들의 이론을 소개합니다. 결국은 인간에 대한 애정을 바탕으로 의문을 가지고 현상을 분석하려 했음을 알 수 있습니다. 애덤 스미스는 자본주의를 옹호하는 것처럼 언급되곤 하는데, 원래 『국부론』을 썼던 이유는 빈자들에 대한 연민 때문이었습니다. 특정 국민이 아닌 모든 국가와 모든 국민이 함께 잘사는 법을 연구한 것이지요.

신자유주의는 위기를 맞이합니다. 부의 양극화 문제를 가져오고 불평등 문제를 심화시켰습니다. 이제 따뜻한 자본주의를 기대해볼 차례입니다. 5부에서는 자본주의의 문제점을 지적하고 어떤 방향으로 나아가야 할 것인지 제시합니다. 모두가 함께 잘살기 위해서는 결국 분배의 문제가 중요해집니다. 성장과 분배는 양립할 수 없는 가치가 아니라는 점을 기억할 필요가 있습니다. 사회가 얼마나 문명화되었는지 측정하는 척도는 약자가 얼마나 배려받는가로 판단할 수 있습니다. 이제 가장 선진화된 자본주의는 복지 자본주의입니다.

　인류 역사상 그 어떤 체제도 자본주의를 이기지는 못했습니다. 그만큼 자본주의는 엄청난 성장 동력 엔진을 장착하고 발달해왔습니다. 복지가 좋은 나라와 창의성 지수가 높은 나라의 순위가 어느 정도 일치한다는 조사가 있는데, 이제 자본주의의 성장 엔진을 나누어 써야 할 때가 왔습니다. 행복한 자본주의가 가능한 일이라고 기대해 봅니다.

06

환경이 오염되면 어떻게 될까?

『그레타 툰베리가 외쳐요』
지넷 윈터 글/그림 · 정철우 옮김 · 꿈꾸는섬

아이들이 학교에서 환경오염과 에너지 절약 수업을 듣고 오더니 다음 날부터 빼놓지 않고 챙기는 일이 생겼습니다. 전자 제품을 쓰지 않을 때는 플러그를 뽑아두고, 방마다 쓰지 않는 전기를 모두 끄는 것이었지요. 몇 년 전 잡지에서 쓰레기를 주제로 찍은 사진을 본 적이 있습니다. 몇몇 가족의 협조를 얻어 각 가정별로 온 가족이 일주일 동안 만들어낸 쓰레기가 어느 정도인지 보여주는 사진이었습니다. 2인 가족, 3인 가족, 4인 가족 등 사람 수가 많아질수록 쓰레기의 양도 엄청나게 늘어났습니다. 사진으로 보니 얼마나 많은 쓰레기를 배출해내는지 한눈에 알 수 있었습니다.

생활이 편리해진 만큼 쓰레기의 발생 비율은 점점 높아집니다. 코로나 방역으로 인해 아이들이 집에 있는 시간이 늘어나면서 배달 음식을 자주 시켜 먹다 보니 플라스틱 일회용 쓰레기가 점점 늘어만 갑니다. 최대한 사용하지 않으려 노력하지만 어떻게 줄여야 할지 고민입니다.

환경과 생태라는 범위 안에서 세부적인 주제를 다루고 있는 책도 많지만, 좀 더 폭넓게 접근하기 위해 자넷 윈터의 『그레타 툰베리가 외쳐요』를 골라보았습니다. 몇 년 전, 기후 위기에 맞서 세계 청소년들이 환경 운동을 벌이는 뉴스를 접했습니다. 기후 문제에 관심을 가지기 시작한 건 꽤 오래되었으나 직접 활동해본 적이 없었던 저는 행동하는 청소년들의 모습에 부끄러워지더군요. 그동안 잘 몰랐지만 청소년들이 "지금 기후 위기에 맞서지 않으면 미래는 없다"라는 절박한 심정으로 거리에서, 또는 SNS에서 기성세대를 향해 목소리를 높이고 있었습니다. 그중 스웨덴의 그레타 툰베리는 이 운동을 이끈 기후 운동가라고 할 수 있습니다. 2018년 8월 20일 열여섯 살 그레타 툰베리는 등교를 하지 않고 스톡홀름의 국회의사당 앞에서 기후변화를 막기 위한 시위를 했습니다. 지금 당장 행동하라는 외침이 시작된 이후, 세계 여러 나라에서는 금요일 등교 거부 운동이 이어졌습니다. 2019년 3월 15일에는 전 세계 백여 개의 나라에서 학생들의 금요일 행진이 이뤄졌습니다. 이날 금요일 행진이 이뤄진 나라 중에는 한국도 있었습니다.

자넷 윈터의 『그레타 툰베리가 외쳐요』는 그레타가 금요일 등교 거부 운동을 어떻게 시작하게 되었는지를 감동적으로 그리고 있습니다. 그레타는 말이 거의 없는 아이였습니다. 스톡홀름이란 도시에서 조용히 살아가는 그녀에게는 강아지 록시만이 유일한 친구였지요. 어느 날 그레타는 학교에서 기후 위기에 관해 배웠습니다. 선생님은 지구가 더워지면서 북극 얼음이 녹게 되어 동물뿐 아니라 사람의 생명도 위험에 처했음을 들려주었습니다. 그날 이후 그레타는 달라졌습니다. 기후 위기에 관한 책을 읽고 영화도 찾아보게 되었지요. 홍수로 집과 동물들이 물에 잠기고 산불이 순식간에 숲을 집어삼키는 것을 보고 놀라게 되었습니다. 이런 상황이 슬퍼서 먹지도 않고 말도 하지 않게 되었고, 그날부터 지금 당장 무엇을 할 수 있을까 고민하게 되었습니다.

고민 끝에 그레타는 지구를 지키기 위해 등교하지 않고 시위를 하기로 결심했습니다. 부모님도 그녀의 결심에 고개를 끄덕여주었습니다. 2018년 8월 20일, 그레타는 학교 대신 국회의사당으로 가서 '기후를 위한 등교 거부'라는 팻말을 들었습니다. 사람들은 쳐다보지 않았지만 멈추지 않고 금요일마다 국회의사당 앞에 앉아 있었습니다. 그녀의 시위 소식은 곳곳에 퍼져나가기 시작했고 점점 다른 학교 아이들도 함께 행동하기 시작했습니다. 더 많은 아이들이 관심을 가지면서 금요일 등교 거부 소식은 인터넷으로 전 세계로 퍼져나갔습니다. 세계 곳곳의 아이들이 시위를 시작했습니다. 어른들이 지구를 지키지 않는다면, 아이들이 나서겠다는 것이었지요.

몇 달 사이 그레타는 유명해졌고 스위스에서 열리는 다보스 세계경제포럼에 초대받아 정치인과 학자들 앞에서 연설을 하게 되었습니다. 폴란드에서 열리는 유엔 기후회의에도 초대됐습니다. '이제 당신은 무엇을 할 것인가요'라고 묻는 마지막 페이지를 보며, 개개인의 행동이 비록 작은 움직임일 수 있지만 이 행동들이 모여 큰 변화의 흐름을 가져올 수도 있다는 생각도 해봅니다. 요즘의 환경오염 현실을 보면 영화 〈인터스텔라〉에서의 모습이 곧 다가오지 않을까 두렵기도 합니다. 지구 환경을 보호하기 위해서 어떤 실천을 할 수 있을지 아이들과 함께 이야기를 나누어보았습니다. 생활 속에서 에너지를 절약할 수 있는 방법 중에 너무나도 예상치 못한 답변이 나와 웃음이 터졌습니다. 에너지를 절약해야 하니 대학에 가지 말아야 한다는 기발한 의견까지 내놓더군요. 대학에 가려면 늦게까지 공부해야 하고, 그렇게 되면 전기와 에너지를 많이 써야 한다나요. 뭐라 반박할 말이 없었답니다.

📖 엄마와 아이가 함께 읽고 나눈 생각 대화

환경 문제에 대해 어떻게 생각하는지와 환경 문제를 해결하는 방법 등에 대해 이야기를 나누어보았습니다.

엄마   지구의 환경 문제에 대해서는 어떻게 알게 되었어?

연   학교에서 배운 적도 있고요. 얼마 전에 『햄버거가 뚝』 『수돗물이 뚝』이라는 책을 읽었는데요. 특히 『햄버거가 뚝』은 식량을 늘리기 위해 사용한 비료가 땅과 바다를 어떻게 오염시키는지 얘기해주는 환경 동화였어요. 『Why? 환경』에서도 쓰레기 때문에 숲이 파괴되어간다는 이야기가 있었고요.

준   학교에서 에너지 절약 방법을 배웠어요. 전기를 아껴 쓰는 방법에 대해 배웠는데, 그래서 그날 이후로는 매일 밤 방마다 돌아다니면서 안 쓰는 전자 제품의 플러그를 뽑고 있어요.

엄마   우리 주변에서 환경을 해치는 것에 대해 어떤 것을 알고 있어?

준   에어컨을 켜면 프레온 가스가 나온다고 들었어요. 이 물질이 하늘 높이 올라가 오존을 파괴하면 오존층에 구멍이 난다고 해요. 얼마 전에 학교에서 쓰레기 분리 배출에 대해 배웠는데, 쓰레기를 태우면 다이옥신이 발생한대요. 다이옥신은 지독한 발암물질이에요. 그러니 쓰레기를 줄여야 해요.

엄마   그럼 실제로 생활에서 어떻게 하면 좋을까?

연   가까운 곳은 자동차를 타지 않고, 킥보드나 자전거를 타고 가요. 그리고 일회용 컵 대신 물통을 들고 다녀요. 또 대학에 가지 말아야 해요. 대학을 가려면 밤에도 공부를 해야 하기 때문에 에너지를 많이 소비하게 돼요.

이런 생각을 하다니, 정말 상상도 못 했네요.

함께 읽으면 좋은 책

"거인들의 감미로운 목소리를 들으며
그들과 스스럼 없이 어울려 있는
내 자신이 몹시 자랑스러웠습니다."

『마지막 거인』 중에서
(프랑수아 플라스 글/그림 · 윤정임 옮김 · 디자인하우스)

환경과 생태에 대한 그림책은 분야별로 아주 다양합니다. 이 중 몇 권만 소개하기가 쉽지 않을 정도입니다. 그만큼 환경 문제에 관심을 가지고 있는 작가들이 많음을 알 수 있습니다. 환경 문제는 갈수록 심각해지고 있습니다. 깨끗한 지구를 위해 우리 모두가 노력해야 할 시기입니다.

『플라스틱 섬』
이명애 글/그림 · 상출판사

사람들이 쓰고 버린 플라스틱이 바다로 흘러가 만들어진 플라스틱 인공섬이 있습니다. 이 섬의 면적은 우리나라 면적의 15배나 된다고 합니다. 이 그림책은 이런 사실을 바닷새의 시선에서 보여주고 있습니다. 이 섬은 플라스틱 제품을 많이 쓰기 시작한 1950년대부터 만들어지기 시작했다고 합니다.

아이들과 이 책을 읽으면서 어른으로서 무척 부끄러웠습니다. 다음 세대에게 깨끗한 지구를 물려주어야 할 텐데, 생활의 편리를 이유로 일회용품을 아무 생각 없이 써왔다는 사실을 반성하게 됩니다. 아이들과도 환경 문제에 대해 여러 가지 이야기를 나누는 계기가 된 책이기도 합니다.

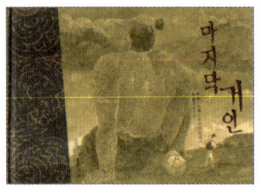

『마지막 거인』
프랑수아 플라스 글/그림
윤정임 옮김 • 디자인하우스

환경을 파괴하는 인간들을 조용히 비판하는 책입니다. 멸종 위기의 동물들처럼 마지막으로 남아 있던 거인들이 욕심 많은 인간들에 의해 사라져가는 이야기를 다루고 있습니다. 책 속에서 거인은 조용히 사라지고, 거인을 친구로 두었던 아치볼드가 속세를 떠나면서 이야기가 마무리됩니다.

『세계가 만일 100명의 마을이라면』
이케다 가요코 지음
한성례, 더글러스 루미즈 옮김 • 국일미디어

세계를 인구 100명의 마을로 보는 흥미로운 설정을 통해 세계가 하나임을 일깨워주는 책입니다. 환경학자인 도넬라 메도스 박사의 에세이를 이케다 가요코가 그림책으로 엮었습니다. 짧은 구절이지만 한눈에 알 수 있게 숫자를 표시해주고 있는 것이 특징입니다. "한 사람이 1년에 배출하는 이산화탄소 양은 45명의 개발도상국 사람이 1톤, 15명의 유럽 선진국 사람이 10톤입니다. 5명의 미국인이 20톤을 배출하고 있습니다." "마을에는 모든 마을 사람이 배고프지 않을 만큼 먹을 곡물이 있습니다. 하지만 그중 사람이 먹는 것은 48%입니다. 35%는 가축이 먹습니다. 17%는 자동차의 연료 등에 쓰입니다. 자연을 훼손하지 않고 모든 사람이 선진국 생활을 한다면, 마을에 살 수 있는 사람은 26명뿐입니다"처럼 구체적인 숫자로 알려주니 아이들이 더 쉽게 이해할 수 있습니다.

엄마의 책읽기

"살충제 사용이 불러온 환경오염"

『침묵의 봄』
레이첼 카슨 지음·김은령 옮김·에코리브르

『침묵의 봄』은 환경학의 고전으로 널리 알려진 책입니다. 이 책을 쓰게 된 계기는 저자가 친구로부터 받은 편지 한 통 때문이었습니다. 1958년 1월, 매사추세츠주에 사는 허킨스라는 친구에게서 한 통의 편지를 받습니다. 편지는 정부 소속 비행기가 모기를 방제하기 위해 숲속에 DDT를 살포했는데, 그 때문에 자신이 기르던 새들이 죽었다는 내용을 담고 있었습니다. 친구는 DDT를 사용한 당국에 항의

했으나, 당국은 DDT가 무해하다며 항의를 묵살합니다. 이에 친구는 항의 편지를 신문사에 보내고, 그 사본을 레이첼 카슨에게도 보냈던 것입니다. 편지에 실린 내용을 바탕으로 저자는 살충제의 사용 실태와 그 위험성을 조사한 후 이 책을 집필하기로 결심합니다.

생물학자로서 가지고 있던 전문 지식과 작가로서의 능력을 발휘하여 방사능 낙진으로 인해 더욱 절실해지기 시작한 환경 문제의 복잡성을 알기 쉽게 풀어내었습니다. 더불어 무분별한 살충제 사용으로 파괴되어가는 야생생물의 모습을 적나라하게 보여주었습니다. 그리하여 생태계의 오염이 어떻게 시작되고 생물과 자연환경에 어떤 영향을 미치는지 구체적으로 설명하고 있습니다. 이를 통해 정부와 살충제 제조업체의 행태를 지적하고, 환경 문제에 대한 대중들의 생각을 환기시킵니다. 책이 출간된 이후 1969년에 미국 의회는 국가 환경 정책 법안을 통과시켰으며, 암연구소는 DDT의 암 유발 증거를 제시하면서 각 주에서 DDT 사용을 금지시켰다고 합니다.

책에 나오는 여러 사례들은 우리가 몰랐던 살충제의 폐해를 밝히고 그 심각성을 느끼게 해줍니다. 저는 거미를 싫어하는 가정주부의 사례가 굉장히 인상적이었습니다. 8월 중순에 이 여성은 지하실 전체와 계단 밑, 과일 선반, 천장과 서까래 등 구석구석에 DDT와 석유 증류물이 포함된 에어로졸 살충제를 뿌렸습니다. 그녀는 살충제를 뿌리고 나서부터 몸이 아프기 시작했고, 구토와 신경불안증을 겪었습니다. 며칠이 지나고 나서 기분이 나아졌지만, 문제의 원인이 무엇인지 확실하지 않았기에 9월에 두 번 더 살충제를 뿌렸습니다. 그

후 다시 병을 앓다가 일시적으로 회복된 후 또다시 살충제 뿌리기를 반복했습니다.

세 번째로 살충제를 뿌리고 나서는 새로운 증상이 나타났습니다. 열이 나고 관절에 통증이 생겼으며 불쾌한 느낌이 계속되었고 한쪽 다리에 정맥염이 나타났습니다. 하그레이브스 박사의 진찰 결과, 이 여성은 백혈병으로 판명되었습니다. 그리고 그다음 달에 사망하고 맙니다.

이 세상에서 모든 발암물질을 제거하는 일은 불가능합니다. 하지만 그중 상당수는 생활에 필수적인 성분이 아닙니다. 이런 물질을 제거하면 전체 발암물질의 양이 훨씬 줄어들 테고, 그 결과 네 명 중 한 명에게서 발병하는 암의 가능성 역시 줄어듭니다. 그러므로 음식과 식수, 대기를 오염시키는 발암물질을 제거하기 위해 노력해야 할 것입니다. 이미 암에 걸렸거나 암에 걸린 징후가 나타난 사람들을 위한 치료법 개발 역시 계속되어야 합니다.

서문에 실린 레이첼 카슨의 말을 기억해야 하겠습니다. 인간은 자연을 지배하는 존재가 아니라 그저 자연의 한 부분에 지나지 않으며, 부분이 생존하려면 결국 전체가 건강해야 한다는 사실을 말이죠.

07

원전 폭발, 그 후의 우리들

『후쿠시마의 눈물』
김정희 지음 · 오승민 그림 · 사계절

어릴 적 일본의 히로시마에 핵폭탄이 터지는 순간을 다룬 만화를 본 적이 있습니다. 가난하지만 열심히 일해서 여러 명의 아이를 기르던 어느 부부의 이야기였습니다. 핵폭탄이 떨어지던 날의 장면이 나오는데, 집으로 걸어가던 사람이 자신의 몸이 녹아내리는데도 정작 자신은 그 사실을 모르고 있었습니다. 그 장면을 보며 느꼈던 방사능 피폭에 대한 두려움이 아직도 기억납니다.

2011년 3월 11일, 일본의 후쿠시마 원자력 발전소에서 강진과 쓰나미로 전원이 중단되어 냉각 장치가 멈추는 사고가 발생했습니다. 원전 사고가 발생한 후 지금까지 후쿠시마현 주민들은 고향에 돌아가지 못한 채 피난 생활을 이어가고 있다고 합니다. '방사능 오염자'라는 낙인이 찍혀 차별을 받으며 살아간다고 하는데, 참으로 안타깝습니다.

원전 문제는 언젠가 아이들과 이야기를 나누고 싶다고 생각했는데, 너무 무거운 주제가 아닐까 싶어 엄두를 못 내고 있었습니다. 그런데 김정희의 『후쿠시마의 눈물』이라는 그림책을 본 후, 이 책으로 아이들과 이야기를 나누어봐야겠다는 생각이 들었습니다. 일본 작가의 그림책인 줄 알았는데 한국 작가가 쓴 책이어서 신기했습니다. 이 그림책은 후쿠시마 원전 사고를 겪은 요시코 가족의 고통을 다루고 있습니다.

요시코는 후쿠시마현의 작은 도시 미나미소마에서 엄마, 아빠, 중학생 언니와 함께 평화롭게 살아가고 있었습니다. 그해 3월 끔찍한 일이 발생하기 전까지는 말이지요. 2011년 3월 11일 오후, 후쿠시마에 쓰나미 경보가 발생합니다. 지진이 발생하자 요나미는 집 밖으로 도망쳐 주민센터로 대피합니다. 다행히 대피소에서 부모님을 만났지만 언니는 끝내 찾지 못했습니다. 집은 무너지고 쓰나미에 떠밀려온 자동차와 쓰레기들은 시커먼 바닷물과 뒤엉켜 세상은 마치 지옥처럼 변했습니다. 보금자리였던 집은 완전히 부서져서 쓰레기 더미가 되어버렸습니다. 엎친 데 덮친 격으로 오후가 되자 대지진과 쓰나미의 여파로 후쿠시마 제1원자력 발전소의 원자로가 고장 나서 폭발했다는 소식이 들려와 모두들 겁에 질립니다. 마을을 떠나는 피난민이 점점 늘어나자, 요시코는 조바심이 납니다. 많은 사람들이 방사능 공포로 마을을 떠나지만, 요시코 가족은 언니를 찾느라 떠날 수 없습니다. 어머니와 요시코는 도쿄에 있는 삼촌 집으로 가기로 합니다.

다음 날 저녁, 요시코와 엄마는 삼촌의 집에 도착합니다. 하지만 삼촌은 방사능에 쏘인 사람과 접촉하면 무사하지 못할 거라며 문을 열어주지 않습니다. 엄마는 할 수 없이 요시코의 손을 잡고 고모네 집으로 향합니다. 고모 역시 집에 갓난아기가 있어서 문을 열어줄 수 없다고 말합니다. 요시코는 이해할 수가 없습니다. 삼촌과 고모가 자신을 죄인처럼 쫓아낸 것 같았기 때문입니다. 엄마는 요시코를 달래줍니다. 삼촌과 고모가 나빠서가 아니라, 원전에서 가까운 마을에 살았기 때문에 방사능을 맞았다고 생각해서 그런 거라고요. 요시코는 의문이 생깁니다. 방사능이 그렇게 위험하다면 왜 원자력 발전소를 만들었는지 묻습니다. 엄마는 원자력 발전소를 세우지 않으면 전기가 부족해서 온 국민이 불편을 겪을 거라고 엄포를 놓아 마을 주민들의 마음이 바뀐 거라고 답해줍니다.

요시코와 엄마는 새로운 곳에서 생활을 시작하게 되었고, 요시코의 아버지는 마을의 재건을 돕기 위해 고향으로 떠납니다. 인간의 삶을 편리하게 하기 위해 만든 원자력 발전소로 인해 엄청난 피해가 발생하였습니다. 이 사건을 계기로 인류가 앞으로 어떤 선택을 해야 할지 고민해보는 기회가 되었으면 좋겠습니다.

📖 엄마와 아이가 함께 읽고 나눈 생각 대화

책을 읽은 후 아이들과 원전에 대한 이야기를 나누었는데, 진지하게 대답해서 놀랐습니다. 만약 방사능 사고가 난 지역에서 온 친척에게 문을 열어줄 것인가에 대해 질문했더니, 두 아이의 답변이 서로 반대였습니다. 하지만 문을 열어준다는 답변과 열어주지 않겠다는 답변 모두 충분히 이해할 수 있었습니다.

엄마 만약 네가 삼촌이라면 어떻게 할 것 같아? 방사능 사고가 일어난 곳에서 온 친척이 집으로 찾아온다면 문을 열어줄 거야?

준 만약 우리 집에 온다면 화장실에 숨은 다음, 들어올 수 있도록 비밀번호를 알려줄래요. 그리고 몇 시간은 샤워하게 할 거예요.

연 저는 문을 열어주지 않을 것 같아요. 다른 사람들에게 옮지 않는다고 하지만 내 몸에 피해가 올지도 모르기 때문에 문을 열어줄 수가 없어요.

엄마 우리가 살고 있는 곳이 후쿠시마처럼 사고가 났다고 하자. 내 잘못도 아닌데 다른 사람들이 우리를 피하고 도와주지 않는다면 어떻게 할 거야?

준 다른 사람들의 도움을 요청하지 않고 따로 살아가는 게 좋겠어요.

연 사람들을 설득하여 도와주도록 요청하겠어요.

엄마   아빠는 고향으로 돌아가 방사능 오염 제거 작업을 하면서 고향에서 살겠다고 결심하잖아. 아빠가 고향에 다시 돌아가는 것에 대해 어떻게 생각해?

준   고향을 살릴 수 있으니 좋지 않을까요? 힘들겠지만 누군가는 해야 할 일이라고 봐요.

연   전 반대예요. 방사능 오염을 제거하는 일은 쉽지 않으니 고향에 돌아가면 안 된다고 생각해요.

엄마   원자력 발전소의 가동에 대해 어떻게 생각해? 만약 원자력 발전소를 가동하지 않는다면 어떻게 에너지원을 얻는 게 좋을까?

준   원자력 발전소는 계속 가동해야 해요. 원자력 발전소가 닫으면 실업자들이 쏟아질 거예요.

연   원전 사고가 날 수 있으니 원자력 발전소 가동을 점차 줄여나가는 게 좋겠어요. 원자력 발전소를 가동하지 않게 된다면 대신 태양광 에너지나 풍력 에너지 등으로 에너지를 얻어야겠죠.

두 아이의 의견이 질문마다 이렇게 반대되는 의견을 낸 것도 신기합니다. 좀 더 책을 읽어보고 다시 이야기를 나누어봐야겠습니다.

함께 읽으면 좋은 책

"그런데 그 큰 지진이 일어난 뒤로는 일이 복잡해졌답니다.
우리 목장 가까이에 있는 원자력 발전소 때문이에요."

『희망의 목장』 중에서
(모리 에토 글 • 요시다 히사노리 그림 • 고향옥 옮김 • 해와나무)

　원자력 발전소나 원자폭탄, 핵실험에 대한 내용을 다룬 그림책들은 꾸준히 나오고 있습니다. 히로시마 원자폭탄 사건과 후쿠시마 원전사고를 다루고 있는 그림책을 소개해봅니다. 히로시마와 나가사키, 체르노빌을 겪어본 인류는 핵 없는 세상을 향해 나아갈 것 같지만, 아직까지는 핵의 공포를 안고 살아가고 있습니다.

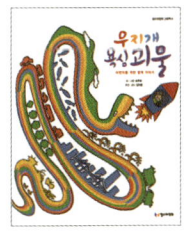

『무지개 욕심 괴물』
김규정 글/그림 • 철수와영희

발전소의 사고로 인해 무지개 욕심 괴물이 나타납니다. 무지개 욕심 괴물은 눈에 보이지 않고, 소리도 없으며, 냄새도 없는 괴물입니다. 주인공 라울은 레드맨 헬멧을 쓰고, 욕심 괴물에 맞서 위험에 빠진 농부와 어부도 구하고, 용감하게 싸워 지구를 구합니다. 하지만 헬멧을 쓰고 지구를 구하는 일은 사실 꿈이었고, 현실은 무지개 욕심 괴물의 승리로 끝이 나고 맙니다. 꿈과 현실이라는 두 가지 세계는 우리의 선택에 따라 미래가 달라질 수 있음을 보여줍니다. 맨 뒤에는 핵 발전소의 현황과 문제점, 핵 발전소 없이 사는 나라들을 소개하고 있습니다.

『희망의 목장』
모리 에토 글 • 요시다 히사노리 그림
고향옥 옮김 • 해와나무

후쿠시마 제1원자력 발전소의 출입 금지 구역에 목장이 하나 있습니다. 원전 사고가 터지고 목장의 소를 살처분하라는 명령이 내려집니다. 주인은 이를 거부하고 이 소들을 돌보기로 결심합니다. 제대로 먹이지 못해 소들은 자꾸 죽어나갔지만 그는 자신의 임무를 다합니다. 소들을 살리기 위한 노력이 계속되고, 사람들은 이 목장을 '희망의 목장'이라 부릅니다.

『나의 히로시마』
모리모토 준코 글/그림
최혜기 옮김 • 도토리나무

1945년 8월 6일, 준코의 고향 히로시마에는 원자폭탄이 떨어집니다. 이날부터 준코의 삶은 바뀌었습니다. 준코는 소꿉친구들과 대문 놀이를 하고, 가족들과 여름밤 불꽃놀이를 즐기던 평범한 아이였습니다. 배가 아파 학교에 가지 않았던 어느 날, 엄청난 소리와 강한 빛에 이어 완전한 어둠이 찾아옵니다. 준코와 그의 가족들은 살아남았지만, 히로시마에는 상처 입은 사람들의 행렬이 이어집니다.

엄마의 책읽기

"100명의 목소리로 들어본 원폭 피해"

『체르노빌의 목소리』
스베틀라나 알렉시예비치 지음 · 김은혜 옮김 · 새잎

스베틀라나 알렉시예비치는 '목소리 소설'이라는 새로운 분야의 글을 쓴 작가입니다. '목소리 소설'이란 여러 사람들을 인터뷰해서 그 내용을 소설로 엮은 것을 가리킵니다. 1948년 우크라이나에서 태어난 알렉시예비치는 언론인 출신 작가로, 기자로 재직할 당시 제2차 세계대전, 소련-아프간전쟁, 소련 붕괴, 체르노빌 사고 등 굵직한 사건의 목격자들과 인터뷰하고 이를 글로 풀어냅니다. 10년 넘게 체르노빌 사고를 취재해 쓴 『체르노빌의 목소리』는 소방대원의 아내, 심리학자, 마을 주민, 고멜 국립대학교 교수, 해체 작업자, 사냥꾼, 카메라 감독, 마을 간호장, 언어학 교사, 가정실습 교사, 기자, 벨라루스 의원, 농업학 박사, 화학 엔지니어, 환경보호 감독, 역사학자, 해체 작업자의 아내 등 100여 명의 사람들의 목소리를 생생하게 담고 있습니다.

스베틀라나 알렉시예비치는 자신의 작품은 "누구라도 무기를 손에 쥐면 착한 사람이 될 수 없"음을 이야기한다고 말합니다. 허구적인 이야기는 단 한 줄도 쓰지 않았다고 합니다. 체르노빌 원전 사고 피해자, 전쟁에서 싸운 여성, 소련을 믿었기 때문에 폭력을 참아냈던 사람 등의 이야기가 담겨 있습니다. 허구가 없음에도 불구하고 문학에 가까운 이 작품은 각자의 목소리가 짧게 등장하는 방식이라서, 처음부터 끝까지 소설을 주도하는 목소리는 없습니다.

이 책을 읽기 전에는 체르노빌에서 무슨 일이 있었는지 잘 알지 못했는데, 많은 사람들이 피해를 입고도 아무도 이를 책임지지 않고 피해자의 고통을 외면했다는 사실에 놀랐습니다. 이 사고로 5년 동안 암과 방사능 관련 질병으로 7,000여 명이 사망하고 70만여 명이 치료를 받았다고 합니다. 아이를 키우는지라, 그중에서도 아이에 대한 이야기들은 특히 안타까웠습니다. 「오래된 예언」에 나오는 딸 이야기가 인상적이었는데, 딸이 앓는 병이 저전리 방사선, 저준위 방사선과 관련이 있다는 진단서를 4년 만에 받아냈지만 20~30년을 기다려야 연관성을 밝힐 수 있어서 보상받지 못하였다는 내용입니다. 사고 후 며칠 만에 방사능, 히로시마와 나가사키, 게다가 뢴트겐에 대한 책까지 도서관에서 사라졌는데, 이는 불안감 조성을 막기 위한 정부의 조치였다는 사실에도 놀랐습니다.

피해자들에게 가장 큰 상처는 사건을 은폐하고 정확한 내용을 알려주지 않았다는 사실입니다. 그들은 피해자이고 아무 잘못도 없는 사람이지만 인간으로서 기본권이 무시당하는 고통을 겪어야 했습니다.

체르노빌 사건은 운전원들의 실수로 원자로 폭발 사고가 일어났다고 알려졌지만, 이날 핵실험을 하려고 했다는 내용이 나옵니다. 저자는 한국어판 서문에서 후쿠시마 원자력 발전소 사고를 언급하면서, 군사적 핵과 평화적 핵은 똑같이 사람을 죽일 수 있는 공범이라고 말합니다. 히로시마와 나가사키, 체르노빌을 겪어본 인류는 핵 없는 세상을 향해 나아갈 것 같지만, 여전히 체르노빌의 공포 속에서 살아가고 있다고 주장합니다.

전쟁 없는 세상이 있을 수 있을까?

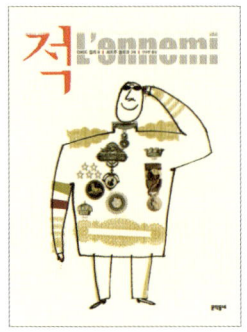

『적』
다비드 칼리 글 · 세르주 블로크 그림 · 안수연 옮김 · 문학동네

주택을 지어 이사를 한 건 아이들이 다섯 살 때였습니다. 아파트에 살면서 아이들에게 매번 조용히 하라고, 뛰지 말라고 소리치는 것도 한계에 도달할 무렵이었지요. 주택에서 살게 되니 아이들은 아랫집 눈치 볼 필요 없이 아침부터 저녁까지 신나게 뛰어놀더군요. 저 역시 소리를 덜 질러서 좋았습니다.

우리가 살던 마을에는 또래 아이 네 명이 있었습니다. 주말이면 여섯 명의 남자아이들은 누가 부르지도 않았는데 하나둘씩 모여듭니다. 마을의 빈 공터에서 매번 하는 놀이 중 하나는 총싸움입니다. 계절과 상황에 따라 총의 종류만 바뀔 뿐이었죠. 여름에는 물총 놀이, 봄가을에는 각자 소장하고 있는 다양한 총들이 등장합니다.

마을에 손재주가 좋은 친구 아버님이 마침 나무 의자를 만들다가 남은 목재로 아이들에게 나무 총과 칼을 만들어주었습니다. 손잡이 부분에는 손을 다치지 말라고 검정 테이프로 감는 것도 잊지 않았지요. 총싸움이 시작되면 아이들은 각자 가지고 있는 온갖 다양한 총을 들고 자연스럽게 편을 갈라 전쟁놀이를 시작합니다. 상대편에게 들키지 않으려고 몸을 숨기고 다가가지만, 금방 들키고 맙니다. 서로 시비가 붙어 언성이 높아지는 소리가 들리더니만, 화가 난 아이가 씩씩대며 집 안으로 들어가버립니다. 하지만 잠시 후, 언제 그랬냐는 듯이 다시 뛰어나가 어울립니다.

아이들은 자연스럽게 어렸을 때부터 무기와 전쟁, 싸움 등에 관심을 가지기 시작했습니다. 각종 장난감 총을 사달라고 해서 총싸움을 하는 건 기본이고, 그림을 그려도 무기만 그렸습니다. 최근에는 종이로 총을 만드는 활동에 푹 빠져 있기도 했습니다. 총과 무기, 전쟁놀이는 남자아이들이라면 모두 거쳐야 할 관심 분야인 걸까요?

전쟁의 역사에 대해 알아보기 위해 전쟁기념관에 간 적이 있습니다. 같이 갔던 큰애가 전쟁기념관이라는 이름이 말도 안 된다면서 이상하다고 했습니다. 전쟁을 왜 기념해야 하냐는 겁니다. 듣고 보니 그렇더군요. 전쟁을 기억하고 추모하는 것은 맞지만, 기념하는 것은 무언가 옳지 않은 느낌이 들었습니다. 만약 이름을 바꾼다면 전쟁추모관이 더 어울리겠다고 생각했습니다.

전쟁기념관에는 뛰어놀 곳도 많고, 탱크, 전투기 등을 전시해놓아 아이들과 몇 번 가본 적이 있습니다. 건물 안에는 전쟁에 대한 영상이 나오는데, 영상을 본 아이들이 전쟁은 왜 일어나는지 묻더군요. 답변하기가 쉽지 않아 진땀을 흘렸던 기억이 있습니다.

얼마 후 아이들과 임진각 평화누리 공원에 갔는데, 그곳에는 전쟁을 반대하고 평화를 기원하는 사람들의 메시지를 매달아놓은 울타리가 있었습니다. 묶여 있는 수백 개의 노란 리본이 바람에 휘날리고 있었는데, 내용을 읽어보았더니 평화에 대한 사람들의 기원이 빼곡하게 적혀 있었습니다. 아이들은 왜 사람들이 이렇게 리본을 매달아놓았는지 궁금해했습니다. 집으로 돌아오면서 전쟁은 사람들에게 어떤 피해와 고통을 안겨주는지, 그리고 전쟁이 일어나지 않기를 바라는 사람들의 마음에 대해 좀 더 자세히 이야기를 나누어봐야겠다고 생각했습니다.

전쟁이 사람들에게 어떤 고통을 주는지 이야기하기 위해 고른 책이 다비드 칼리의 『적』이라는 그림책입니다. 처음 이 그림책을 읽고 나서는 전쟁과 같은 묵직한 내용도 이렇게 쉽고 간결하게 표현할 수 있구나 싶었습니다. 이 책은 만화 같은 간단한 그림체와 넓은 여백, 실제 사진을 콜라주하여 전쟁의 원인을 보여줍니다. 왜 전쟁이 벌어지는지, 왜 적에게 총을 겨누어야 하는지, 적은 어떻게 적이 되는지에 대해 질문을 던집니다. 결국 적은 전쟁의 이데올로기에 의해 평범한 사람에 덧입혀진 개념이라는 깨달음을 줍니다.

황량한 들판에 두 개의 참호가 있고 각 참호에는 한 명의 병사가 숨어 있습니다. 그렇습니다. 그들은 서로 적입니다. 전투 지침서에는 적에 관한 모든 내용이 나와 있습니다. 적은 동정심을 모르는 야수와도 같은 상대입니다. 배고픔과 외로움, 죽음의 공포를 더 이상 견디지 못한 병사는 적을 먼저 죽이고 지긋지긋한 전쟁을 끝내기로 결심합니다. 밤에 덤불로 위장하고 기습공격에 나서지만, 적의 참호는 텅 비어 있습니다. 적도 그처럼 기습공격에 나선 것이었습니다. 적의 참호 안에서 적의 가족사진과 전투 지침서를 발견한 병사는 그제야 깨닫지요. 적도 자신처럼 가족이 있는 한 인간이라는 사실을요.

『적』은 전쟁의 본질을 쉽고 명료하게 다루고 있습니다. 아군과 적군이라고 규정짓는 이분법은 상대적인 개념입니다. 어느 편이든 전쟁을 일으킨 소수에 의해 희생되는 보통 사람이라는 사실을 자연스럽게 깨닫게 됩니다. 그리고 전쟁을 수행하기 위해 어떻게 이데올로기가 조작되는지 풀어내고 있습니다.

📖 **엄마와 아이가 함께 읽고 나눈 생각 대화**

엄마 두 병사가 맞부딪혔던 야수는 정말 사자였을까? 어떻게 생각해?

연 당연히 사자가 아니죠. 적이라고 생각했던 상대편 병사도 나처럼 위장하고 나온 것인데 사자라고 표현한 거예요.

엄마 그렇겠지? 적의 참호 안에 들어가서 그의 사진을 보았을 때 어떤 마음이 들었을까?

준 적이라고 생각했던 그도 나와 똑같은 사람이라고 생각했겠죠. 동물을 죽이거나 물에 독을 타거나 하는 사람이 아니라 평범한 사람이라고 생각했어요.

엄마 그런데 전쟁을 끝내고 집으로 돌아가기 위해 두 병사가 손수건에 메시지를 적어 플라스틱병에 넣었잖아. 그 손수건에 무슨 메시지를 적었을까?

연 "이제 전쟁을 끝내자"라고 적었겠죠.

엄마 전쟁을 끝내고 각자 기다리는 가족들에게로 돌아가자는 마음이었겠지. 그럼 전쟁 지침서에 적에 대해 괴물같이 여기라고 쓴 이유는 무엇일까?

준 그래야 적에 대한 적개심으로 계속 싸울 수 있으니까요. 적도 나와 똑같은 사람이라고 생각하면 적을 죽일 수가 없잖아요.

엄마 맞아. 마음이 약해지지 않도록 하기 위해 그런 것이겠지. 그러니 전쟁이란 결국 전쟁을 일으킨 사람들이 덧씌워놓은 이념 아래 일어나는 것이라는 생각이 들어.

함께 읽으면 좋은 책

"우리 할아버지는 유치원에 다닙니다.
아침 9시가 되면 노란색 버스에 올라타지요."

『우리 할아버지는 열다섯 살 소년병입니다』 중에서
(박혜선 글·장준영 그림·위즈덤하우스)

전쟁이 발발하면 여성과 아이들이 많은 어려움을 겪게 됩니다. 특히 우리나라는 한국전쟁의 아픔을 겪었는데요. 6.25 전쟁의 비극을 다루고 있는 그림책 몇 권을 소개해봅니다. 고통스러운 비극을 체험했던 이 땅에서 전쟁의 공포에서 완전히 벗어나 평화를 지속적으로 누릴 수 있기를 희망해봅니다.

『그 여름의 덤더디』
이향안 글·김동성 그림·시공주니어

1950년 6.25 한국전쟁이 일어난 후 탁이네 가족에게 일어난 일을 보여줍니다. 전쟁 소식을 들었지만 탁이네는 정말 전쟁이 일어난 것인지 믿기가 어렵습니다. 어린 탁이는 전쟁을 이해할 수 없습니다. 왜 전쟁이 일어났으며 어른들은 왜 싸우는 건지 모르겠습니다. 탁이네는 가족과도 같은 늙은 소 '덤더디'와 피난길에 오르지만 험난하기만 합니다. 전쟁의 참혹함과 아픔을 알게 해주는 책입니다.

『엄마에게』
서진선 글/그림 • 보림

장기려 박사의 실제 이야기로, 전쟁 때 엄마와 헤어진 아이가 평생 북쪽에 있는 엄마를 그리워하는 내용입니다. 전쟁이 한 개인의 삶을 어떻게 바꾸어놓았는지 아이의 눈으로 보여주고 있습니다. 아버지는 숨을 거두며, 어머니를 다시 만나는 날까지 살아 있으려고 했지만 그 약속을 지키지 못해 미안하다고 말합니다. 아버지는 하늘나라에 먼저 가서 어머니를 기다리겠다는 말을 남깁니다.

『우리 할아버지는
열다섯 살 소년병입니다』
박혜선 글 • 장준영 그림 • 위즈덤하우스

올해 85세인 할아버지는 70여 년 전의 기억에 매여 있습니다. 치매를 앓는 할아버지의 기억은 한 시점에 머물러 있는데, 바로 할아버지가 열다섯 살이던 소년병 시절입니다. 사람을 향해 총을 쏘았던 소년병 할아버지는 그 기억 때문에 겁에 질려 있습니다. "제가 사람을 죽였어요. 이 손으로 저 같은 아이를 죽였어요." 할아버지는 아버지를 보고 흐느끼고, 아버지는 겁에 질린 할아버지를 안아 줍니다. 전쟁이 끝나고 긴 시간이 흘렀지만 전쟁이 남긴 상처는 아직까지 가족에게 남아 있습니다. 열다섯 살 소년병이 겪은 상처는 전쟁의 참혹함을 일깨워 줍니다.

> 엄마의 책읽기

"전쟁의 비극을 기억하며 산다는 것"

『제5도살장』
커트 보니것 지음 · 정영목 옮김 · 문학동네

『제5도살장』을 쓴 커트 보니것은 제2차 세계대전 때, 독일의 드레스덴 폭격에서 살아남은 생존자였습니다. 그는 당시의 기록을 남겨야 한다고 결심하고 이 소설을 썼습니다. 시간과 시간 사이를 떠돌며 여행하는 주인공 빌리 필그림의 이야기는 황당하게 느껴지기도 하지만, 작가 특유의 아이러니가 드러나는 작품입니다.

소설의 도입부에는 성경에 등장하는 롯의 부인 이야기가 나옵니다. 하느님은 타락한 도시 소돔과 고모라를 유황과 불로 단죄하면서 롯 부부는 피하게 해줍니다. 그 대신 한 가지 조건을 겁니다. 바로 그들이 있던 곳을 뒤돌아보지 말라는 당부였는데, 롯의 부인은 살던 곳이 걱정되어 그만 뒤를 돌아봅니다. 그녀는 그 벌로 소금 기둥이 되어버립니다. 작가는 이 이야기를 인용하면서, 롯의 부인이 뒤를 돌아본 것은 정말 인간적이었고 그래서 그녀를 사랑한다고 말합니다. 전쟁의 이야기를 다룬 이 소설은 '실패작'이라는 말도 덧붙입니다.

　작가는 서두에 왜 롯 부인의 이야기를 집어넣었을까요? 아마도 작가의 역할이란 롯의 부인처럼 뒤돌아볼 수 있는 사람이라고 생각했기 때문이지 않을까요? 드레스덴 폭격은 전범국에 대한 공습이었지만, 그 피해자들은 무고한 시민들이었습니다. 피해를 당한 이들의 이야기를 기록하면서, 작가는 기록물과 허구적 창작물 사이에서 고민이 컸을 겁니다. 작가라면 인간적인 연민을 느끼며 고통을 겪은 사람들을 외면하지 않아야 한다는 의무감을 가지고 있었을 테니까요.

　이 소설에서 특이하게 여러 번 반복되는 문장이 있습니다. 바로 "뭐 그런 거지(so, It goes……)"라는 문장입니다. 이 표현은 소설에서 무려 106번이나 반복됩니다. 초반부에서는 누군가의 죽음을 알려줄 때 덧붙입니다. 이 문장은 작가의 관조적인 시선을 보여주지만, 모든 죽어가는 것들에 대한 애도의 의미도 있습니다. 즉, 전쟁으로 인해 비극을 경험한 사람은 너무나 많고, 사람들은 설명할 수 없는 비극을 받아들이기 힘들어합니다. 우연한 사고로 인해 죽음을 맞이하는 삶의 비극에서 명확한 인과관계는 없습니다. 아마도 이런 이유 때문에 작가는 전쟁 중에 발생한 사람들의 죽음에 대해 관조적 자세를 취하고 있는 것으로 보입니다.

주인공 빌리는 시간 여행자(실제로는 조현병 환자)입니다. 그는 외계인 트랄파마도어를 만나는데, 외계인은 과거, 현재, 미래의 모든 순간을 동시에 볼 수 있는 존재입니다. 마치 테드 창의 소설 「당신 인생의 이야기」에 등장하는 외계인 헵타포드 인들과도 유사합니다. 그래서 소설은 현재, 과거, 미래가 섞여서 진행됩니다. 트랄파마도어 인은 빌리에게 끔찍한 시간은 무시하고 좋은 시간에 집중하라고 말합니다. 지구상의 전쟁을 막는다는 생각은 멍청하며, 어쩔 도리가 없으므로 그냥 무시하라고 조언합니다. 과연 그게 가능할까요? 인간의 힘으로 어떻게 할 수 없는 전쟁의 비극적 사건을 모두 기억하면서 살아간다면 삶은 너무 괴로울 것입니다. 빌리가 시간 여행을 하는 것 역시 끔찍한 과거가 현재의 삶을 지배하지 않도록 살아가는, 방법의 하나일 것입니다.

전쟁은 아이러니와 부조리 그 자체입니다. 살아남을 가능성이 가장 높고 몸 관리가 잘되어 있던 에드거 더비는 찻잔을 훔쳤다는 이유로 총살을 당하고 맙니다. 반면에 몸도 약하고 살아남을 가능성도 낮았던 빌리는 오히려 살아남습니다. 전쟁의 부조리함과 삶의 비극성을 극대화시켜 보여주는 최고의 반전 소설입니다.

09

숫자로 바라본 세상

『마법의 숫자들』
조니 볼 지음 · 이소라 옮김 · 비룡소

중·고등학교 시절, 가장 싫어했던 과목은 수학입니다. 수학을 싫어하게 된 시기는 초등학교 5학년 때로 기억합니다. 초등학교 입학 후 처음으로 낮은 성적을 받아, 성적표를 받아들고 충격에 빠졌던 기억이 아직도 생생합니다. 부모님께 꾸중을 들었는지는 잘 기억나지 않지만 성적을 만회하기 위해 수학 공부를 열심히 했던 기억이 납니다. 하지만 수학은 점점 어려워졌고 거의 손을 놓다시피 하다가, 대학교에 들어가기 위해 다시 공부를 했습니다. 일단 숫자가 나오면 머리가 아팠습니다. 그래서 숫자에 좀 더 친숙해지는 방법이 없을까 많이 고민했던 기억이 납니다.

아이들은 숫자에 대한 거부감이 없었으면 좋겠다고 바라는데, 저보다는 숫자에 관심이 많아 보입니다. 아이들은 특히 큰 수에 관심이 많았습니다. 제일 큰 수가 무엇인지 끊임없이 물어봅니다. 일, 십, 백, 천, 만, 백만, 천만 등 수의 단위에도 관심을 갖기 시작합니다. 유리수 중에서 가장 큰 수는 불가사의이고 무리수 중에 가장 큰 수는 무량대수라고 하는데, 궁금해서 찾아보니 무량대수(無量大數)란 한자 문화권에서 사용되는 수의 단위 중 가장 값이 큰 단위라고 합니다.

숫자에 대해 좀 더 알아보기 위해 몇 권의 책을 골라보았습니다. 그중에서 『마법의 숫자들』이라는 책은 재미있게 볼 만합니다. 책 전체가 컬러이고 편집도 잘되어 있는 편입니다. 수학은 아주 먼 옛날에 사람들이 생활의 여러 문제를 해결하는 과정에서 생겨났습니다. 농사를 짓기 위해 달의 주기를 계산하고, 수량을 기억하기 위해 숫자를 만든 것입니다. 수학은 건물을 짓거나 통신망을 설치할 때, 길을 찾거나 날씨를 예측할 때에도 사용됩니다. 수학과 관련하여 폭넓은 분야의 내용이 실려 있고 짧게 핵심적인 부분을 설명하고 있어서 지루하지 않게 읽을 수 있습니다.

큰 수를 표시하기 위해 반드시 필요한 '0'이라는 숫자의 존재도 그냥 나온 게 아니라는 사실을 알게 되니 새삼 신기했습니다. 수학 책을 읽으며 미적분 부분이 흥미로웠습니다. 미적분은 정말 일상생활과는 아무 상관 없다고 생각했는데, 많은 부분에서 상관이 있다는 사실이 신기했습니다.

📖 엄마와 아이가 함께 읽고 나눈 생각 대화

엄마 만약에 이 세상에 숫자가 없다면 어떻게 될까?

준 숫자가 없다면 날짜를 기록할 수 없고, 과자도 셀 수 없어요.

엄마 사람들은 수를 어떻게 세기 시작했을까? 수를 세기 시작하면서 어떤 변화가 일어났을까?

준 수를 세기 시작하면서 문명이 발달하고 기호가 생겨났어요. 처음 숫자가 발명된 이집트와 마야, 로마, 인도 등 여러 문명의 숫자가 서로 달랐어요.

엄마 놀라운 마법의 숫자들이 있어. 예를 들어, 가로로 더해도 세로로 더해도 대각선으로 더해도 그 합이 항상 같은 사각형(마방진)을 만드는 방법, 꽃잎과 나뭇가지가 갈라져 나가는 수, 피아노 건반의 수에 공통적으로 나타나는 자연의 수(피보나치의 수), 도형을 나눌 때 나온 큰 도형과 작은 도형의 크기의 비가 언제나 같아지는 가장 아름다운 비율(황금 비율), 10만 달러(약 1억 원)의 현상금이 붙은 소수 등이 그러하지.

엄마 만약 우리가 원의 성질을 몰랐다면 세상에 어떤 것이 존재하지 않을까?

연   원의 성질을 모르면 둥그런 바퀴를 만들지 못해서 자전거도, 자동차도 없었을 거예요. 축구공도 없고 야구공도 만들어지지 않아 축구, 야구, 농구 등 공으로 하는 어떠한 것도 하지 못했겠죠.

엄마   숫자(사칙연산. 분수 등)를 알아서 편리하고 좋았던 점은 뭐가 있을까?

연   피자를 먹을 때 인원수에 맞게 나누어 먹을 수 있어요.

책에 나온 퀴즈도 풀어보았습니다. 아이와 함께 풀어보세요.

1. 식당에 할아버지 한 명, 아버지 두 명, 아들 두 명이 왔어요. 이들은 각자 5,000원짜리 음식을 주문하고, 총 1만 5,000원을 계산했지요. 그런데도 식당 주인은 화를 내지 않았어요. 왜일까요?

2. 어떤 남자가 늑대와 사슴, 염소 한 마리씩을 데리고 강을 건너려 해요. 하지만 배에는 남자를 제외하고 한 번에 동물 한 마리씩만 태울 수 있지요. 어떻게 하면 모두 무사히 강을 건널 수 있을까요? (단, 늑대는 사슴과 염소를 잡아먹기 때문에 함께 두어선 안 돼요.)

> 함께 읽으면 좋은 책

"글쎄, 마르코스가
'수학은 아무 쓸모도 없고, 지루해요'라고 말하지 뭐예요.
우선 나는 아무 말도 못 들은 척했어요."

『수학이 정말 우리 세상 곳곳에 있다고?』 중에서
(후안 사비아 글 · 파블로 피시크 그림 · 최유정 옮김 · 찰리북)

비록 저는 수학을 싫어했지만 아이들은 수학을 친근하게 느끼기를 바라면서 수학에 관한 그림책을 자주 읽어주었습니다. 저 역시 어른이 되어 수학 관련 책을 읽으면서, 어렸을 때 이런 책을 읽었으면 좋았을 텐데 하는 아쉬움이 있었기 때문입니다. 수학이 실생활과 거리가 멀다고 여겼는데 일상과 수학이 밀접한 관련이 있다는 사실을 알게 되었습니다. 일상생활에 녹아 있는 수학의 세계를 알기 쉽게 설명하고 있는 그림책들을 소개해봅니다.

『이것이 수학이다!』
카리나 루아르, 플로랑스 피노 글 · 조셍 제르네 그림
조은경 옮김 · 베틀북

옛날 사람들이 수를 어떻게 표현했는지, 각 나라마다 달랐던 수 표현들은 어떠했는지 알려주고 있는 책입니다. 수학자 피타고라스의 이야기를 통해 수학의 원리와 개념을 설명하고 있습니다. 우리의 삶과 연결되어 있는 수학을 소개하는데, 초등학교 3학년 정도부터 읽으면 좋을 것 같습니다. 여러 분야의 내용이 나와 있고, 간결하게 핵심적인 부분을 다루고 있어 지루하지 않게 읽을 수 있습니다. 책의 마지막에 수학 용어들이 잘 설명되어 있어 참고하면 좋습니다.

『수학이 정말
우리 세상 곳곳에 있다고?』
후안 사비아 글 • 파블로 피시크 그림
최유정 옮김 • 찰리북

마르코스는 수학을 싫어합니다. 수학자인 삼촌은 마르코스와 하루를 보내며 세상 곳곳에 숨어 있는 수학을 찾아냅니다. 게임 캐릭터가 뛰어오르는 이유를 설명해주고, 축구, 농구, 골프 등 스포츠에서는 승패를 결정하기 위해 항상 뭔가가 계산된다는 사실을 알게 됩니다. 일기예보에서 다루는 비 올 확률과 좋아하는 TV 프로그램의 시청률을 통해 백분율에 대해 배우게 됩니다. 수프 한 그릇에 들어 있는 건더기의 개수를 알아보는 실험으로 어림셈에 대해서 알려줍니다. 수프 속에도 수학이 있다는 사실을 알게 된 마르코스는 그동안 갖고 있던 수학에 대한 편견을 깹니다.

『뿐뿐 캐릭터 도감: 단위』
호시다 다다히코 글 • 이토 미쓰루 그림
정인영 옮김 • 다산어린이

아이들은 수학 문제를 풀 때 항상 단위를 묻곤 합니다. 센티미터와 킬로미터, 리터와 그램 등 여러 번 설명해주었는데, 단위를 다룬 책을 찾다가 알게 된 책입니다. 저자는 요코하마 대학교수인데, 실생활과 역사적 화제를 다루는 수학 강의로 인기가 많다고 합니다. 이 책은 어린이들이 꼭 알아야 하는 단위만 뽑아 엮었습니다. '미터'나 '센티미터'처럼 길이를 나타내는 단위부터 넓이를 나타내는 '제곱미터', 시간을 나타내는 '초', 전기를 나타내는 '볼트', 온도를 나타내는 '섭씨도', 소리를 나타내는 '데시벨' 등 단위의 핵심 정보를 정리했습니다.

엄마의 책읽기

"수학을 싫어할 이유가 없다?"

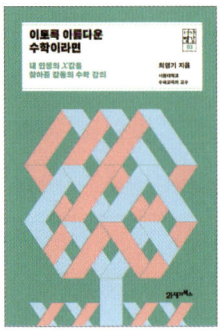

『이토록 아름다운 수학이라면』
최영기 지음 · 21세기북스

몇 년 전에 어느 소설가의 강의를 들은 적이 있습니다. 다시는 하지 않아도 되어서 안심하는 세 가지 일이 있다고 했는데, 그중 하나가 수학을 공부하지 않아도 된다는 것이었습니다. 그 말에 얼마나 공감이 가던지요. 일찌감치 수포자의 길을 갔던 저는 한 번도 수학이 아름답다는 생각을 해본 적이 없었습니다. 그런데 수학의 세계에 대한 책을 몇 권 연달아 읽으면서, 그동안 수학은 현실과 동떨어져 나와는 아무 상관 없는 세계라고 생각해왔구나 싶었습니다. 급기야 『이토록 아름다운 수학이라면』이라는 책을 읽으면서는 수학이 정말 아름답다는 말에 크게 공감하게 되었습니다.

책은 수학의 개념을 쉽게 설명하는 것으로 시작합니다. 방정식, 도형, 함수, 삼각형, 소수 등 익숙한 수학 개념으로부터 어떻게 아름다움을 느낄 수 있는지 설명해줍니다. 예를 들어 함수에서 궁극적으로 알고 싶은 것은 어떤 방식으로 관계를 맺어 대응하는가와 관련되어 있습니다. 각 사람을 이름이나, 나이로 대응시킬 수 있으며, 그 사람이 속한 국가로도 대응시킬 수 있습니다. 이렇게 대응하는 규칙을 함수라고 하는데, 수학에서 관심이 있는 것은 각 대응 방식에 규칙성이 있을 때입니다. 둘의 관계에서 발견한 규칙을 통해 관련성을 알 수 있기 때문이지요.

다음으로는 수학이 추구하는 가치를 소개하고, 수학적으로 생각한다는 것이 우리 일상과 얼마나 맞닿아 있는지를 알려줍니다. 이어서 세상을 바꾼 수학자들을 소개하는 내용으로 마무리합니다. 무엇보다 수학의 세계를 일상적인 삶의 태도와 연결시켜 성찰을 끌어내는 과정이 인상적입니다.

매일매일 순간이라는 점으로 이루어진 삶의 도형을 만들어간다는 표현이 멋집니다. 점이 모여 선과 면을 이루고 다양한 모양의 도형이 만들어지듯이, 순간을 살아내는 방식에 따라 여러 가지 삶의 형태가 만들어집니다. 그러니 우리가 만들어가는 삶의 점 하나하나가 더없이 소중하고 귀할 수밖에 없습니다. 본질을 탐구하고 완벽한 아름다움을 추구하는 수학을 공부하는 것은 행복으로 향하는 또 하나의 방법이기도 합니다.

이 책에서는 우리나라 수학 교육의 문제점에 대해서도 다루고 있습니다. 학생들이 왜 수학을 싫어하는지에 대한 분석도 덧붙입니다. 우리나라 학생들은 수학 성취도는 높을지 몰라도 흥미나 자신감은 최하위라고 합니다. 가장 큰 문제점은 무조건적인 반복 학습을 통해 실력을 향상시키려는 교육 방식 때문입니다.

"수학을 가장 못하는 사람은 누구일까?"라는 질문에 철학자는 "수학에 관심이 없는 사람"이라고 답합니다. 우리나라 입시에서 수학의 중요성은 점점 더 강조되고 있지만 그 의도와 달리 수학 교육은 오히려 수학을 가장 못하는 학생으로 만들고 있습니다. 왜 그럴까요? 무엇이 문제인 걸까요? 바로 수학에 대한 잘못된 이해로부터 비롯합니다. 가르치는 사람도 배우는 사람도, 수학에 대한 아무런 감동도 없이 그저 수학을 죽은 활자처럼 대하기 때문입니다. 이럴 바에는 수학을 하지 않는 요일을 만들어 아이들에게 수학을 덜 공부할 수 있는 환경을 만들어주고 싶다는 말에 고민을 해보게 됩니다.

'미주알고주알'의 뜻을 아세요?

『무슨 말이야?』
허정숙 글/그림 · 보리

실시간 검색어에 '사흘'이 1위였던 적이 있습니다. '사흘' 연휴가 시작된다는 뉴스가 나가자, '사흘'의 의미를 검색해본 사람이 많았기 때문입니다. 처음 이 소식을 접했을 때는 '사흘'의 의미를 모를 수 있다는 사실이 의아했습니다. 요즘도 흔히 쓰는 말인데, 어떻게 모르지 싶어서였습니다. 아이들을 불러 "할아버지 댁에 '사흘' 후에 간다고 말하면 3일 후를 말하는 거야? 아니면 4일 후를 말하는 거야?"

라고 물어보았습니다. 잠시 아이는 머뭇거리더니 "4일 후 아닌가요?"라고 답을 하더군요. 아, 이렇게 생각하는 경우가 꽤 있겠구나 싶었습니다.

문득 큰애가 어릴 적 일이 떠올랐습니다. 어느 날 봄 점퍼를 사서 옷을 빨았는데 옷에 묻은 얼룩이 지워지지 않고 계속 번져나가더군요. 원단에 문제가 있는 건가 싶어, 혹시 몰라 옷을 샀던 곳으로 가져가 상황을 설명해보았습니다. 그랬더니 새 상품으로 바꿔주었습니다. 마침 문화 센터 수업을 같이 듣던 지인이 큰애에게 웃으며 "너 오늘 수지맞은 줄 알아"라고 말을 건넸습니다. 그 말을 들은 아이는 울먹거리기 시작했어요. 저희는 왜 그런지 이유를 몰라 당황했는데, 아이는 '맞다'라는 단어가 들어가니 좋지 않은 뜻이라고 생각한 모양입니다. 단어의 뜻을 알려주자, 아이는 그제야 표정이 풀리더군요.

이 이야기를 초등학생인 동생들에게 들려주며 "'수지맞다'라는 말이 무슨 뜻인지 알아?"라고 물어보았습니다. 그랬더니 "기대하지 않았는데 뜻밖의 횡재를 한다는 뜻이에요"라고 대답합니다. 이 단어의 뜻을 알고 있었던 모양입니다. 그래서 "너도 이런 비슷한 경험이 있었어?"라고 물어보았더니 예전 경험담을 들려줍니다. 교실에서 친구와 체스를 두다가 방금 옮겼던 말을 잘못 두었다고 생각해서 "한 수(手)만 물러줘"라고 부탁했답니다. 그러자 친구는 고개를 갸우뚱하며 "뭐? 그게 무슨 뜻이야?"라고 물었고요. 어떻게 설명할까 고민하던 아이는 "한 번만 뒤로 가게 해줘"라고 말했더니 그제야 친구가 이해하고 한 수 물러주었다더군요.

아이들이 처음 단어 조합에 관심을 가지기 시작한 시기는 친구 집에서 〈한자왕 주몽〉을 보고 온 후였습니다. 그때부터 시키지도 않았는데 기본 한자들을 공부하기 시작하더군요. 어느 날은 신문을 가져와서 한자를 따라 그리기도 했습니다. 글씨를 쓴다고 말하기는 어렵고 그리는 편에 가까웠지요. 한자에 관심을 가지면서 나타난 변화 중 하나는 우리말의 조합에 관심을 가지게 된 것이었습니다.

얼마 전 밥을 먹다가는 '생고기'라는 단어에 대해 이야기를 나누게 되었습니다. 평소에 쓰는 단어 중에 생(生)이 붙는 말이 의외로 많더군요. 그런데 음식과 관련한 단어에서 쓰이는 '생'의 의미가 조금씩 달랐습니다. '얼리지 않은'이라는 의미도 있고, '익히지 않은' 혹은 '싱싱하다'라는 뜻도 있습니다. 예를 들어 '생고기'나 '생대구'는 얼리지 않았다는 뜻이고, '생마늘'과 '생콩'은 익히지 않았다는 뜻입니다. '생과일'이란 싱싱하다는 뜻이죠. 아이가 "엄마, 그럼 생크림(生cream)의 '생'은 무슨 뜻이에요?"라고 묻습니다. 곧바로 대답하기가 쉽지 않을 때는 사전을 찾아봅니다. '우유에서 가장 비중이 적은 지방분을 분리하여 살균한 식품'이라고 사전에 나오네요. 조합의 경우가 다양해서 참 어렵습니다. 단어의 어원이나 뜻에 대해 쉽게 알 수 있는 책을 찾아보기로 했습니다.

여러 단어의 뜻을 더 알아보기 위해 『무슨 말이야?』를 골라보았습니다. 아이들이 평소 들어본 말이지만 무슨 뜻인지는 몰랐던 단어의 속뜻을 알려주는 책입니다. 이 책은 초등학생용인데 어렵지 않아서 초등 저학년부터 읽어도 괜찮습니다. 이 책을 보더니 아이가 학교 도서관에서 『개똥이네 놀이터』 잡지에서 읽었다며 반가워하네요. 찾아보니 『개똥이네 놀이터』는 보리출판사에서 2005년부터 나온 어린이용 잡지인데, 저자가 2008년부터 10년 동안 연재했던 만화를 묶어 책으로 펴냈습니다. 이 책에 나오는 단어의 뜻을 읽으며 보리출판사에서 나온 초등 사전을 찾아보기도 했습니다. 가끔은 한글 사전으로 게임을 하기도 합니다. 돌아가면서 아무 쪽이나 편 뒤 그 페이지의 단어 하나를 고릅니다. 그리고 뜻을 읽어준 후 어떤 단어인지 맞히는 게임입니다. 어휘력도 늘리고, 퀴즈의 즐거움도 누릴 수 있어 추천해봅니다.

『무슨 말이야?』에는 단어를 우리말, 한자어, 줄임말로 분류하여 재미있는 만화와 함께 소개하고 있습니다. 여기에 나온 단어로 아이들과 퀴즈처럼 묻고 답해보았습니다. 저도 몰랐던 단어의 어원도 꽤 있었습니다. 예를 들면, '미주알고주알'에서 '미주알'은 창자의 끝부분을 뜻한다고 합니다. '고주알'은 의미 없이 비슷한 소리로 재미있게 붙여본 말입니다. '부시다'는 그릇이나 병, 컵을 물로 씻어 깨끗하게 한다는 뜻입니다. 덕분에 모르는 단어의 의미를 많이 알게 되었습니다.

요즘 아이들에게서 공통적으로 나타나는 현상 중 하나는 어휘력 부족입니다. 특히 한자어에 대한 이해(동음이의어 이해)가 떨어지는 경향이 있습니다. 어휘력이 약하면 책을 읽어도 무슨 말인지 이해하지 못하는 경우가 많습니다. 문해력을 높이기 위해서는 어휘력을 늘려야 하고, 그러는 데는 독서만 한 게 없지요. 어휘력 향상을 위해 제가 신경 쓰는 게 있는데, 그중 하나가 아이들의 질문에 꼭 대답해주기입니다. 아이들이 책이나 신문, 텔레비전 뉴스 등을 보다가 "○○○는 뭐예요?"라고 단어 뜻을 물으면 아는 것은 바로 대답해주고, 잘 모르는 것은 검색해서 답해주거나 사전을 찾아서 함께 읽어보기도 합니다.

📖 엄마와 아이가 함께 읽고 나눈 생각 대화

우리말은 순우리말, 한자어, 외래어 등으로 나뉩니다. 그런데 생각보다 이를 구분하기가 어려운 단어들도 있지요. 아이들과 단어의 종류에 대해 이야기를 나누어보았습니다.

엄마　우리말과 한자어의 구분이 생각보다 어려운 것 같아. 너희, 그거 알아? 호랑(虎狼)이는 한자어이고, 범은 순우리말이래.

준　　정말요? 와, 정말 그렇네요. '범 호(虎)'니까요.

엄마　너네들도 이렇게 순우리말, 한자어, 외래어의 구분이 어려웠던 단어가 있었어?

연　　네, 저희는 '백신(vaccine)'이 순우리말인 줄 알았어요. 우리말 같지 않아요?

엄마　뭐? '백신'이 우리말인 줄 알았다고? 딱 들어도 영어 같지 않아?

| 준 | 아니요. 처음 들었을 때 우리말처럼 들렸어요.
| 엄마 | 하긴. 다른 데서 들었는데, '아이돌'이 순우리말인 줄 아는 아이들도 많다고 하더라.
| 연 | 에이, 그건 아니죠.

 이 밖에도 가방, 빵 등 그냥 들으면 우리말 같은데 외래어인 단어에 대해 이야기를 나누어봤습니다. 신기한 건 아이들 세대에서 우리말처럼 느끼는 단어와 어른 세대에서 우리말처럼 느끼는 단어가 차이가 나더군요.
 반면 유의어와 반의어에 대한 대화는 언제 나누어도 흥미롭습니다. 하지만 설명하기 어려운 단어의 조합도 많습니다.

| 엄마 | 우리말이나 한자어나 어원을 알면 단어의 의미가 좀 더 쉽게 느껴지는 경우도 있어. 예를 들면 따뜻할 온, 차가울 냉을 알면 온수와 냉수가 반의어라는 걸 금방 이해할 수 있지.
| 연 | 맞아요. 온방과 냉방처럼요.
| 준 | 그런데 왜 '열탕'이란 말은 쓰는데 '열수'라는 말은 쓰지 않아요? '열탕'과 '냉탕'은 서로 반대말인데 왜 '냉수'의 반대말은 '열수'가 아니고 '온수'예요?
| 엄마 | 그러게, 왜 그럴까?

 아, 머리가 아픕니다. 이것도 설명하기가 어렵네요.

우리말의 세계는 쉽지가 않습니다. 좀 더 다양한 책들을 읽으며 우리말 공부를 해봐야겠습니다.

> 함께 읽으면 좋은 책

"자신의 마음을 말로 표현하는 건 어렵습니다.
자기 마음이 어떤지 정확하게 알지 못해서이기도 하지만,
마음을 표현할 말을 알지 못하기 때문이기도 합니다."

『아홉 살 마음 사전』 중에서
(박성우 지음 · 김효은 그림 · 창비)

아이들은 단어의 결합에 관심이 많은 편입니다. 비슷하지만 뜻이 다른 말이 어떤 것이 있는지 찾아보기도 합니다. 단어의 앞뒤를 살펴보며 의미를 따져 나가다 보면 은근히 재미있고 신기합니다. 단어의 조합에 대한 책은 의외로 찾기가 어려웠습니다. 우리말 단어의 의미를 알려주는 책은 있지만 단어의 조합을 다룬 책들은 많지 않아 아쉬웠습니다. 대신 틀리기 쉬운 우리말의 쓰임이나 말모이 대작전의 내용을 담은 책을 소개해봅니다.

『알듯 말듯 우리말 바루기』
이상배 글 · 최남진 그림 · 뜨인돌어린이

초등 교과서와 연계하여 교과서에 나온 단어 중 뜻이 헷갈리는 낱말을 뽑아 그 쓰임을 설명하고 있습니다. 또 틀리기 쉬운 우리말의 정확한 쓰임을 알려줍니다. 예를 들어 '대'와 '데', '되'와 '돼', '든지'와 '던지' 등 자주 틀리는 표현의 용례에 대해 설명합니다.

『우리말 모으기 대작전 말모이』

백혜영 글 • 신민재 그림 • 푸른숲주니어

우리말과 글의 사용이 완전히 금지되었던 일제 강점기 시기에 우리말 사전을 만들기 위해 노력했던 내용을 담고 있는 책입니다. '말모이'는 '말을 모으다'라는 뜻의 순우리말입니다. '말모이 대작전'은 '우리말과 글이 사라지면 겨레의 얼이 사라진다'고 생각해 한글을 지키고 연구하려고 노력했던 주시경 선생님이 시작한 운동입니다. 주시경 선생님이 돌아가신 후, 제자들은 조선어학회를 만들어 말모이 대작전을 이어나갑니다.

『아홉 살 마음 사전』

박성우 지음 • 김효은 그림 • 창비

마음을 표현하는 단어 80개를 사전 형식으로 담아낸 책입니다. 감정을 표현하는 단어의 뜻을 이해하고, 이러한 표현이 활용되는 다양한 상황을 통해 활용법을 익힐 수 있습니다. 오른쪽 상단에는 감정을 표현하는 말의 뜻이 적혀 있고, 오른쪽 하단에는 이런 감정을 느끼는 상황에 대한 예시문이 나와 있어 이해를 돕습니다.

엄마의 책읽기

"우리말의 조합이 궁금하다면"

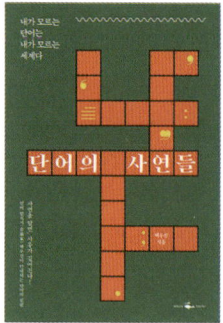

『단어의 사연들』
백우진 지음 • 웨일북

"엄마, 물티슈는 왜 물휴지라고 하지 않아요?"
"글쎄, 사전을 한번 찾아볼까?"

아이가 여섯 살일 때, 물티슈를 바라보더니 제게 한 질문입니다. 한 번도 생각해보지 않은 질문에 뭐라고 답해야 할지 몰라 바로 사전을 찾아보았습니다. 물티슈를 찾아보니 같은 말에 물휴지도 있었습니다. '물기가 있는 축축한 휴지'라고 설명되어 있습니다. 물휴지라는 말을 사람들이 얼마나 쓰는지는 잘 모르겠지만, 주변에서는 흔히 물티슈라고 말합니다.

"둘 다 쓸 수 있는 말인데, 물티슈를 더 많이 사용하나 보다."

휴, 이런 질문에 정확하게 설명하기가 쉽지 않습니다. 우리말의 단어 조합이 생각보다 정말 어렵습니다.

아이가 또 이런 질문도 합니다.

"엄마, 신호등의 파란불에 건너간다고 하는데 왜 녹색인데 파란색이라고 해요?"

다행히 이건 알고 있습니다.

"우리말은 녹색과 파란색을 하나로 통칭하는 경우가 많기 때문이야."

우리말은 녹색(green)과 청색(blue)을 구분하지 않는 경우가 많습니다. '녹색'이라는 한자어에 해당하는 우리말 표현이 없기 때문입니다. 그래서 녹색과 청색을 모두 청색, 푸른색으로 합쳐 사용합니다. 예를 들어 흔히 쓰는 단어인 '청테이프'라는 단어는 '靑'과 'tape'가 합쳐진 말인데 실제로는 푸른색이 아니라 녹색이지요. 그렇다고 '녹테이프'라고 말하는 사람은 없지요.

백우진의 『단어의 사연들』은 우리말에 관심이 있다면 아주 재미있게 읽을 수 있는 책입니다. 일상적으로 사용하는 단어의 뜻과 어원, 조합의 원리를 설명해줍니다. 첫째 장에서는 다른 나라 언어와의 비교를 통해 우리말의 고유한 특성을 이야기하고 있는데, 흥미롭습니다. 예를 들어 '아깝다'라는 말은 외국에는 없는 표현이라고 합니다. 또 '잘코사니'는 '미운 사람이 불행을 당한 경우에 고소함'을 뜻하는 말인데, 영어나 일본어에는 이에 해당하는 단어가 없습니다. 독일어에는 'Schadenfreude'라는 단어가 이와 유사한 뜻입니다. '억울하다'라는 단어도 일본어와 영어에는 없다고 합니다.

셋째 장에는 우리말의 조어 방식에 대해 설명합니다. 우리말은 끝부분이 동일하게 끝나는 단어의 묶음이 있습니다. '접두사+명사' 혹은 '명사+접미사'의 파생어들이 유독 많은데요. 이런 경우는 비슷한 끝부분을 가진 단어를 묶어서 보면 공통점이 보입니다.

예를 들어 '깨비'로 끝나는 낱말에는 도깨비, 허깨비, 진눈깨비, 방아깨비가 있습니다. 단어들을 살펴보면 '깨비'는 주변적인 존재를 가리키는 데 붙는다는 사실을 알 수 있습니다. '녘'을 어미로 가진 단어는 동녘, 서녘, 남녘, 북녘, 들녘, 아랫녘, 개울녘, 어슬녘, 저물녘 등이 있습니다. '녘'은 방향과 지역 외에 하루 중 어떤 시기를 나타내는 말입니다. 흠씬과 물씬에서 '씬'의 어감을 잘 드러내는 낱말은 '훨씬'입니다. 훨씬은 '정도 이상으로 차이가 나게'를 뜻하는데요. 그렇다면 '~씬'은 보통보다 훨씬 정도가 더하다는 뉘앙스로 활용할 수 있는 표현임을 알 수 있습니다.

사람이 품고 있는 사연들처럼 단어의 사연들도 다양하네요. 그 사연을 따라가는 일이 즐겁고 흥미로웠습니다. 평소에 생각해보지 않았지만 늘 사용하고 있는 단어의 탄생을 따라가보면서 그 사연에 귀를 기울여보면 어떨까요.

11

로봇 세상이 온다면

『제2의 인간 로봇』
김선희 글 · 최상훈 그림 · 주니어김영사

학원에 가려고 집을 나서던 아이가 우산을 가져갈까 말까 고민하는 눈치입니다. 창밖을 보니 맑아서 비가 올 것처럼 보이지는 않습니다. 저는 오늘은 비가 안 올 것 같으니 우산은 안 가져가도 된다고 말하지요. 아이는 아이패드를 켜서 시리에게 비가 올지 묻습니다. 시리는 비가 올 확률이 시간대별로 몇 %인지 알려줍니다. 언제부터인지 이런 광경이 낯설지 않습니다. 코로나 바이러스로 인해 등교를 하지 못하게 되면서 아이들은 온라인 수업을 듣습니다. 온라인 수업 영상을 틀면 인공지능 선생님이 수업을 진행하십니다. 선생님의 목소리는 실제 사람의 목소리와 어투가 다릅니다. 사람의 목소리처럼 자연스럽지 않아 아이들이 웃을 때도 있습니다. 하지만 매일 아침 듣다 보니 어느새 친숙해졌습니다. 인공지능 선생님은 매일 학교에서 학생들을 만나면 좋겠다고 말씀하십니다. 아마 언젠가는 아이들의 학교에도 인공지능 선생님이나 로봇 선생님이 등장하게 되겠지요?

어릴 적 만화나 영화에서 로봇은 친숙한 존재로 등장합니다. 로봇은 애초에 인간에게 도움을 주기 위해 개발되었습니다. 로봇은 친숙하게 여겨지기도 하지만 두려움의 대상으로 여겨지기도 합니다. 로봇이 인간을 넘어서는 초지능을 가지는 상황을 가정하면서부터입니다. 초지능을 가진 로봇이 반란을 일으켜 인간을 지배하게 된다는 가상의 스토리, 어디선가 한 번쯤은 접했을 겁니다. 그런데 이게 가능한 일일까요? 사람보다 똑똑한 로봇이 등장하면 로봇이 세상을 지배하게 될까요?

아이들이 미래의 로봇 세상을 어떻게 생각할지 궁금합니다. 로봇에 대한 책 중 김선희의 『제2의 인간 로봇』을 골라 함께 읽어보았습니다. 이 책은 신화에서부터 만화, 영화, SF소설 등에 등장하는 로봇의 이야기로 시작하여, 그리스 신화의 청동 거인 탈로스부터 미래에 나올 로봇까지 소개합니다.

1954년 미국의 발명가 조제 데벨은 컴퓨터로 기계의 동작을 마음대로 움직이게 하는 장치를 발명합니다. 데벨은 당장 특허청에 달려

가서 특허를 냈습니다. 데벨은 분명히 내 발명이 공장에서 획기적인 기적을 불러올 것이라고 말했습니다. 데벨의 예언은 들어맞았습니다. 로봇 팔이 나오면서 자동차 공장은 달라졌습니다.

사람의 모습과 비슷한 모양의 로봇만 생각하는데, 몸속에 들어가는 의료용 로봇도 있습니다. 독일에서 로봇 벌레를 개발했는데, 사람 몸에 있는 정맥이나 동맥에 들어가 병을 진찰하거나 청소하고 수술 도구로 사용한다고 합니다. 아이들이 좋아할 만한 질문도 있습니다. "로보캅과 터미네이터가 싸우면 누가 이길까?"라는 내용에서 아이들은 자기 주장을 펼칩니다. 로봇이 나오는 영화를 좋아하는 아이들은 〈AI〉〈아이, 로봇〉〈월-E〉 등을 보았는데요. 특히 〈월-E〉를 재미있게 보았다며 줄거리를 길게 이야기해줍니다.

이 책에서는 로봇 선생님에 대한 이야기가 나옵니다. 로봇 선생님은 어떤 점이 좋을까요? 로봇 선생님은 화를 내거나 꾸중하지 않습니다. 하지만 거짓말이나 속임수는 절대 통하지 않습니다. 언젠가는 학교에도 로봇 선생님이 등장할지 모르겠네요. 아니, 그때가 되면 학교에 직접 가지 않게 될 수도 있습니다. 코로나로 인해 비대면 수업을 경험하게 된 것처럼요. 아이들은 로봇 선생님이 화를 내지 않아서 좋지만, 수업을 하며 느끼는 재미는 줄어들 거라고 말했습니다.

책에는 "사람보다 똑똑한 로봇이 나오면 로봇이 세상을 지배하게 될까?"라는 질문이 나옵니다. 로봇이 사람보다 똑똑해져서 지구를 지배할 것이라는 시각을 가진 과학자들도 있었습니다. 대표적으로 미국 로봇 공학자 한스 모라벡이 있는데, 그가 쓴 책 『마음의 아이들』은 그런 내용을 다루고 있습니다.

  초지능을 가진 로봇이 반란을 일으켜 인간을 지배하리라고는 생각하지 않지만, 아이들은 어떻게 생각하는지 이야기를 나누어봐야겠습니다. 여러 직업군에서 인공지능으로 대체되는 흐름은 피할 수 없겠지요. 인공지능의 사물 인식은 인간보다 정확해졌고, 인공지능을 통한 번역도 더 매끄러워지고 있습니다. 인류가 인공지능, 로봇 등과 함께 공존해서 살아가게 되는 세상이 올 거라는 것은 분명하지만, 상생적 관계를 이루기를 기대해봅니다.

📖 엄마와 아이가 함께 읽고 나눈 생각 대화

로봇에 대한 이야기는 언제 나누어도 재미있습니다. 미래에는 누구나 로봇 팔이나 다리로 교체할 수 있을지에 대한 이야기로 시작해보았습니다.

엄마 애들아, 나중에 로봇 팔처럼 신체의 일부를 로봇으로 교체할 수 있다면 너희는 바꿀 거야?

준 글쎄요. 엄마는 어떠세요?

엄마 나? 대답하기 쉽지 않은데, 만약 팔이나 다리라면 바꾸고 싶을 것 같아. 외할머니도 무릎이 불편하셔서 수술하셨잖아? 지금도 앉거나 일어설 때 힘들어하시잖아. 나이가 들어 거동이 불편해진다면 대부분의 사람들이 로봇 팔다리로 바꾸고 싶어 하지 않을까? 가격이 엄청나게 비싸면 못하겠지만 말야.

준 저는 지금은 그런 생각이 안 들지만, 늙으면 그럴 것 같아요.

엄마 이 책에 몸속에 들어가는 의료용 로봇 이야기가 나와 있잖아. 그런 건 어때?

준 독일에서 로봇 벌레를 개발했는데, 사람 몸에 있는 정맥이나 동맥에 들어가 병을 진찰하거나 청소를 하고 수술 도구로 쓴다고 해요.

엄마 맞아. 엄마도 예전에 『특이점이 온다』라는 책을 읽었는데, 인간의 몸속에 들어가는 나노봇 이야기가 나오더라. 인간의 몸속에 작은 로봇이 들어가 병을 치료해주면 지금보다 수명이 더 길어지지 않을까?

책에 나오는 로봇 선생님에 대해서도 이야기를 나누었습니다.

엄마 이 책에 로봇 선생님 이야기가 나오더라. 만약 내년부터 로봇 선생님이 수업을 한다고 하면 어떨 것 같아? 로봇 선생님은 화를 내거나 꾸중도 하지 않아. 하지만 거짓말이나 속임수는 절대 통하지 않지.

준 전 좋을 것 같아요.

엄마 정말? 왜? 난 그냥 인간 선생님이 더 좋을 것 같은데?

준 일단 혼내시지 않는다니까 그 점이 마음에 들고요. 근데 걱정되는 점도 있어요. 수업이 재미없을 것 같아 걱정이에요. 그래도 모르는 것은 바로바로 알려주실 테니까 아는 건 더 많아지지 않을까요?

로봇 선생님이 등장할 날이 머지않겠지요? 로봇 선생님과 수업을 하면 학생들이 어떤 반응을 보일지 궁금해집니다.

> 함께 읽으면 좋은 책

"전원이 들어왔어요. 이제 테스트를 시작하세요.
누군가의 목소리가 들렸다.
머릿속에서 윙, 하고 기계음이 울렸다."

『열세 번째 아이』 중에서
(이은용 글 · 이고은 그림 · 문학동네)

로봇을 잘 활용한다면 인간은 앞으로 매우 편리하게 살 수 있을 것입니다. 하지만 로봇이 발전하게 되면 인류에게 과연 이로울까, 하는 의문을 품은 이들도 있습니다. 어떤 사람은 로봇을 믿을 수 없다며 언젠가는 로봇이 사람의 능력을 뛰어넘었을 때 일어날 수 있는 일들을 걱정하기도 합니다. 또 로봇이 인간의 일자리를 대체하게 될 미래를 고민하기도 하는데요. 로봇이 보편화되는 세상에서 벌어질 일들을 다룬 그림책을 소개해봅니다.

『열세 번째 아이』
이은용 글 · 이고은 그림 · 문학동네

부모의 요구 사항에 따라 제품처럼 만들어진 아이와, 인간의 모자란 부분을 보완하고 심리 치료를 위해 생산된 감정 로봇이 만나서 진짜 행복이 무엇인지, 진짜 나는 누구인지, 존엄성이란 무엇인지, 그 답을 찾아가는 여정을 감동적으로 그려낸 책입니다. 레오를 만든 로봇 연구원인 시우의 엄마와, 시우의 유전자를 조작했지만 맞춤형 아이 생산과 반인간적인 로봇 정책을 반대하며 이제는 입장을 바꾼 민 박사가 대립 구조를 이루며 갈등합니다.

『나는 화성 탐사 로봇 오퍼튜니티입니다』
이현 글 • 최경식 그림 • 만만한책방

화성 탐사 로봇 오퍼튜니티가 화성에서 임무를 수행한 모습을 다루고 있습니다. 오퍼튜니티는 새로운 탐사의 역사를 만들었는데, 여섯 개의 바퀴를 꾸준히 굴리며 화성에 물이 있었던 흔적도 발견합니다. 화성 곳곳을 누비며 수만 장의 사진을 찍고, 토양을 분석하고, 지형을 파악하며 화성에 대한 새로운 정보를 지구로 전송해주었습니다. 화성과 미지의 우주 세계에 대해 꿈꿀 수 있습니다. 아무도 가보지 못한 길을 나아가며 마지막까지 자신의 임무를 완수했던 오퍼튜니티의 모습을 보면서 감동을 느낍니다.

『로보베이비』
데이비드 위즈너 글/그림 • 서남희 옮김 • 시공주니어

미래의 로봇 사회에 대한 따뜻한 시선이 드러나는 그림책입니다. 이 책에 등장하는 로봇들은 인간과 똑같이 가족을 이루고 살아가고 있습니다. 로봇 세상에서는 가족 구성원을 이룰 때 맞춤형으로 아기를 주문한 후 배송받은 아기 로봇을 조립합니다. 어느 날 주인공 로봇 캐소드의 집에 아기 로봇이 배송됩니다. 조립은 생각보다 쉽지 않은데요. 엄마 다이오드가 자신 있게 로봇을 조립하지만 완성된 로봇은 그만 부서지고 맙니다. 좌충우돌해가며 아기 로봇을 조립해 가는 이야기를 통해 미래의 로봇 세상에 대한 상상력을 펼칠 수 있습니다.

엄마의 책읽기

"인간을 도와주는 로봇들이 많아진다면"

『한 스푼의 시간』
구병모 지음 · 위즈덤하우스

세탁소에 살게 된 로봇 소년 은결이 등장하는 소설입니다. 로봇의 입장에서 인간을 바라보는 시각이 신선합니다. 로봇과 달리 유한한 생을 사는 인간의 삶을 배워나가는 과정을 그려내면서, 인간다움이란 무엇일까에 대해 흥미롭게 접근하고 있습니다.

저자는 『급진적 진화』라는 책을 읽고 언젠가 세탁소의 일을 로봇이 도맡게 된다면 세탁된 옷 속에 씨앗을 넣어주는 일을 로봇이 할 수 있을까, 라는 아이디어에서 이 글을 쓰게 되었다고 합니다. 로봇의 시대가 곧 도래할 거라는 불안감과 기대감이 교차하는 요즘, 흥미롭게 읽을 수 있는 소설입니다.

몇 년 전 아내와 사별한 명정은 가난한 동네에서 혼자 세탁소를 꾸려가고 있습니다. 외국에 살던 외아들은 불의의 사고로 세상을 떠났는데, 어느 날 발신자가 아들인 택배 상자가 도착합니다. 상자에는 17세 정도의 소년처럼 보이는 로봇이 들어 있었습니다. 명정은 로봇에게 은결이라는 이름을 붙여주고 함께 생활하기 시작합니다. 은결은 외부의 모든 자극을 데이터베이스화하며 인간에 대해 학습해나가는데요. 17세의 외모를 가진 소년 로봇 은결은 시호와 준교가 초등학생일 때부터 그들이 손녀를 낳을 때까지 변함없는 모습으로 존재합니다. 그러면서 로봇으로서 인간에게 대응하고 행동을 인식하는 과정을 익혀나갑니다.

'한 스푼의 시간'이란 제목은 인간 삶의 찰나적 순간을 뜻합니다. 우주의 나이는 137억 년, 지구의 나이는 45억 년. 그에 비해 사람의 인생은 고작 푸른 세제 한 스푼이 물에 녹는 시간에 불과합니다. 그러니 자신이 이 세상에 어떻게 스며들 것인지 신중하게 결정하고 나면 이미 녹아 없어지고 말겠지요.

로봇인 은결은 명정에게 위로를 건네는 존재가 됩니다. "로봇이 건네는 말이 터널 끝의 불빛처럼 빛난다고" 여기는 명정은 로봇 은결의 위로에 어느새 마음이 뭉클해지는데요. 인간을 도와주는 로봇이 많아진다면 좀 더 따뜻한 세상이 되지 않을까 기대해봅니다.

12

전염병은 왜 사라지지 않아요?

『뿐뿐 캐릭터 도감: 전염병』
이토 미쓰루 그림 · 정인영 옮김 · 다산어린이

2020년은 전염병의 역사에서 유례없는 한 해였습니다. 전 세계에 코로나 바이러스가 퍼져나갔습니다. 물론 이전에도 여러 전염병이 발생했습니다. 사스, 메르스, 신종 플루 등이 있었지만, 이처럼 전 세계적으로 빠른 속도로 퍼져나간 전염병은 보기 드물었습니다. 코로나 바이러스의 확산 이후 일상에 여러 변화가 생겼습니다. 아이들이 다니는 학원은 온라인 화상 수업을 시작하였습니다. 반 아이들과 선생님이 영상 회의가 가능한 줌으로 동시에 접속해서 수업을 진행하였는데요. 처음으로 영상 수업을 하게 된 아이는 시작할 무렵에는 긴장하는 기색이었지만, 얼마 안 가 금방 적응했습니다. 저 역시 대면으로 하던 스터디나 모임을 취소하였습니다. 학교는 개학을 미루었고, 4월에 개학을 하고도 한 반의 3분의 1 이하만 등교해야 해서 일주일에 한 번만 학교에 갔습니다.

인류를 지속적으로 괴롭혀온 것 중 하나는 전염병입니다. 인류의 역사는 페스트나 콜레라 등 다양한 전염병과 오랜 싸움을 이어왔습니다. 스페인 독감은 엄청난 사망자가 생긴 치명적인 질병이었습니다. 코로나 바이러스는 2022년 현재, 오미크론 바이러스와 같은 변이 확산으로 이어지고 있습니다. 새로운 전염병은 앞으로도 계속 발생할까요? 백신 접종 후에도 코로나의 기세는 여전합니다.

아이들과 왜 전염병이 사라지지 않는지에 대해서 이야기해보기 위해 골라본 책은 『뿐뿐 캐릭터 도감: 전염병』이라는 책입니다. 이 그림책은 전염병의 원인이 되는 병원체를 중심으로 병의 원인과 증상, 병에 걸리지 않기 위한 방법 등을 설명하고 있습니다. 아이들에게 익숙한 캐릭터로 세균과 바이러스를 그리고 있어서 쉽게 다가갈 수 있습니다. 자세한 정보를 어렵지 않게 전달하고 있다는 것이 장점입니다.

전염병의 원인이 되는 미생물을 병원체라고 하는데, 바이러스의 크기가 제일 작고, 그다음은 세균, 원충/곰팡이(진균), 기생충 순입니다. 감염병의 종류를 '기침과 재채기를 통해' 옮는 전염병, '사람이나 물건을 만져서' 옮은 전염병, '동물이나 곤충을 통해' 옮는 전염병 등 감염 경로를 기준으로 나누어 설명하여 한눈에 들어옵니다. 책을 읽으며 치료제와 백신이 아직 없는 전염병이 의외로 많아서 놀랐습니다. 코로나 바이러스 계열의 전염병이 특히 그러합니다. 대부분의 감염병은 아이들이 걸리기 쉽습니다. 백신이 있는 질병의 경우, 예방접종을 하는 이유입니다.

이 책을 읽다 보니 전염병의 역사는 인류의 역사와 함께 계속 이어질 것 같은 예감이 듭니다. 대개 바이러스는 치사율이 높으면 전염성이 떨어지고, 전염성이 높으면 치사율은 낮다고 합니다. 하지만 코로나 바이러스는 확산 초기에 전염성이 폭발적으로 높아서 퍼지는 속도를 따라가지 못해 간단하게 병원에서 치료할 수 있는데도 적절한 치료를 받지 못한 경우가 많았습니다. "코로나는 끝이 아닌 시작이다"라고 경고하는 전문가도 있습니다. 앞으로 더욱 강력한 바이러스가 나타날 수 있다고 말하고 있는데요. 가장 기본적인 손 씻기, 마스크 쓰기 등의 개인 방역을 철저히 지키면서 전염병을 예방해야겠습니다.

📖 엄마와 아이가 함께 읽고 나눈 생각 대화

2020년 8월, 준서는 할머니가 사는 도시에 코로나 확진자가 많이 나왔다는 이야기를 듣고 안부 전화를 걸었습니다.

준	할머니, 잘 지내셨어요? 코로나가 급격하게 확산되어서 너무 걱정이에요. 할머니도 마스크 잘 쓰셔야 해요.
할머니	응. 그래, 나는 마스크 잘 쓰고, 집에 주로 있어. 밖에 나갈 일 있으면 집에 들어올 때까지 절대로 벗지 않아.
준	이번에는 양성인데도 숨기고 도망가는 사람도 있고 검사를 안 받겠다고 하는 사람도 있다고 해요.
할머니	그러게. 어른들이 왜 이렇게 말을 안 듣는 사람들이 많은지 모르겠다. 나를 위해서만 아니라 다른 사람의 생명을 위해서 꼭 지켜야 하는 일인데 말이야. 그런 사람들은 꼭 처벌해야 할 텐데.
준	처벌도 하고 벌금도 물려야 할 것 같아요.
할머니	코로나가 빨리 진정되어야 학교도 제대로 다니고 할 텐데, 너무 걱정이 많다.
준	다음 주에 개학하는데 1학기 때처럼 1주일에 하루만 등교해요. 얼마 전에 빌 게이츠가 그랬다는데, 내년 말이나 되어야 코로나가 종식될 거라고 이야기했대요.
할머니	빨리 끝나야 할 텐데 걱정이야. 백신이 나오면 얼른 잡히겠지?
준	네, 얼른 상황이 좋아지면 좋겠어요.

함께 읽으면 좋은 책

"우리 사진 한 장 더 찍읍시다!
모두 마스크를 가져오셨지요?
일제히 마스크를 쓴 채 사진을 찍읍시다!"

『사람들의 생명을 위협하는 전염병 이야기』 중에서
(신현배 글 · 이소영 그림 · 가문비어린이)

코로나 19가 발생한 이후로 아직까지 그 기세가 이어지고 있습니다. 전파력이 강한 변이 바이러스가 퍼져나가고 있지만 다행히 치명률은 낮아졌습니다. 전염병에 대한 책들이 최근 많이 출간되었습니다. 이 책들을 읽으며 인간이 살아남으려면 다른 생명체들과 함께 살아가기 위해 노력해야 함을 깨닫게 됩니다. 전염병에 대한 그림책을 읽으며 코로나 바이러스 상황에서 어디로 나아가야 하는지 돌아보는 기회로 삼아야겠습니다.

『바이러스 빌리』
하이디 트르팍 글 · 레오노라 라이틀 그림
이정모 옮김 · 위즈덤하우스

이 책의 주인공 빌리는 코감기 바이러스입니다. 빌리는 아이들에게 코감기라는 선물을 가지고 찾아왔다면서 말을 겁니다. 바이러스를 주인공으로 설정한 것이 흥미롭습니다. 빌리는 우리 몸에 코감기 바이러스가 어떻게 침입하여 감기에 걸리는지 설명해줍니다. 코감기 바이러스뿐만 아니라 바이러스 전반에 대해 쉽고 재미있게 알려주는 책입니다. 바이러스와 숙주의 관계, 세포와 바이러스의 차이 등도 담고 있습니다.

『사람들의 생명을 위협하는
전염병 이야기』
신현배 글·이소영 그림·가문비어린이

전염병 연구소 소장인 홍길동 박사가 등장하여 전염병에 대해 들려주는 책입니다. 창희와 세라 남매는 동네 도서관에서 열린 어린이 전염병 교실에 참석합니다. 박사님은 전염병의 역사와 이를 이겨낸 사람들의 이야기를 통해 전염병 대처 방법도 알려줍니다. 전염병에 대한 옛이야기들도 사이사이에 수록되어 있어 재미를 더해줍니다.

『세상을 바꾼 전염병의 역사』
클라라 프론탈리 지음·임희연 옮김·봄나무

전염병이 인류의 역사에 미친 영향과 이를 극복하기 위해 백신을 연구해온 의학자들의 이야기가 담겨 있습니다. 의학이 덜 발달했던 시기에 갑자기 창궐해 급속도로 퍼진 전염병은 항상 공포의 대상이었습니다. 전염병은 비전염성 질병에 비해 종류는 적지만, 확산력 때문에 영향력은 훨씬 강합니다. 현대 의학이 발달하면서 전염병에 대한 공포는 줄어들고 있지만, 신종 바이러스로 인해 발병하는 전염병은 늘어나고 있음을 알려줍니다.

> 엄마의 책읽기

"바이러스의 정체를 알아야 살아남을 수 있어요"

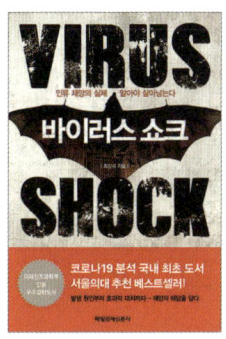

『바이러스 쇼크』

최강석 지음 · 매일경제신문사

2020년도는 가히 전염병의 해라고 부를 만큼 코로나 바이러스가 전 세계적으로 확산된 해였습니다. 인류 역사상, 바이러스에 의한 전염병의 역사는 지금까지 이어지고 있는데요. 당시 세계 인구의 3분의 1인 5,000만 명가량이 사망한 스페인 독감, 1968년 홍콩 독감, 2003년 중국 사스 바이러스, 2012년에 발생하여 2015년에 우리나라에 발병한 메르스 바이러스, 2014년 에볼라 바이러스, 2016년 신종 바이러스인 지카, 2020년 코로나 바이러스 등, 전염병은 일정한 간격을 두고 계속 발병하고 있습니다.

『바이러스 쇼크』는 바이러스가 어떻게 전염병을 퍼트리는지 알기 쉽게 설명한 책입니다. 인류 생존에 위협을 주는 신종 바이러스는 대부분 야생의 세계에서 동물을 통해 인류로 넘어왔습니다. 신종 바이러스가 출현하게 된 계기는 산림 파괴, 대도시화, 기업 축산, 기후 변화, 여행 증가 등으로 인해 발병 조건이 갖춰졌기 때문입니다. 인간에게 넘어올 수 있는 잠재적 능력을 가진 바이러스는 그동안 인간과의 접촉이 거의 없는 야생동물이 보유하고 있었습니다. 특히 21세기에 들어서 인간에게 치명적인 신종 바이러스가 자주 출현하고 있는데요. 가장 주목받는 야생동물은 철새류, 특히 오리류와 박쥐류입니다. 이 야생동물은 공통적으로 비행 능력이 있습니다.

박쥐가 바이러스의 숙주가 되는 이유는 무엇일까요? 박쥐종은 약 1,240여 종으로 전체 포유류 동물 종 중에 거의 25%를 차지합니다. 약 5,250만 년 전부터 서식해왔기 때문에 그동안 다양한 바이러스가 박쥐의 몸에 침투해서 공생 관계의 틀을 유지해왔습니다. 박쥐는 집단생활을 하며, 수십 년(5~50년)의 긴 수명을 가지고 있습니다. 따라서 집단 내 바이러스에 노출될 기회가 많고, 일생 동안 감염과 재감염을 반복합니다. 박쥐는 포유동물 중 유일하게 비행 능력이 있어서 단기간에 병원체를 넓은 지역에 퍼트릴 수 있으며, 매일 먹이를 찾아다니고 계절에 따라 이주합니다. 가뭄이나 벌목으로 인해 과일 공급이 줄어들면 다른 야생동물과 먹이 다툼을 벌이는데, 이때 바이러스의 전염 위험이 증가합니다. 박쥐는 바이러스가 새로운 숙주 동물로 이동할 수 있는 이상적인 여건이므로, 신종 바이러스는 박쥐로부터 자주 출현하게 됩니다.

바이러스는 원래 '자연 숙주'라는 정해진 서식처에서 살아갑니다. 숙주에 큰 위해를 가하지 않는 선에서 적당히 번식하고, 숙주 역시 바이러스를 무리하게 제거하지 않으며 공생의 길을 갑니다. 자연 숙주의 보장된 서식지를 벗어나 새로운 숙주 서식처를 찾아나설 때, 바이러스는 가끔 난폭성을 발휘합니다. 숙주는 새로운 침입자에 대해 면역 체계를 가동하여 저항하며 제거하려고 하고, 바이러스는 그 전에 격렬하게 증식하려고 합니다. 최근 출현한 신종 바이러스가 사람에게 위협적이고 치명적인 이유 역시 새로운 숙주에 정착하는 것과 유사한 상황이기 때문입니다.

신종 바이러스의 출현과 유행은 인류가 주인처럼 지구를 사용하면서 벌어진 결과라고 여겨집니다. 저자는 앞으로도 신종 바이러스가 계속 발병할 것이라고 보고 있습니다. 따라서 대중도 바이러스 전염병에 대해 기본적인 지식을 쌓아야 합니다. 이는 우리의 건강을 지키는 생명보험과 마찬가지입니다. 전염병이 유행하면 기본적으로 개인 위생을 철저히 지켜야 합니다. 언제 끝날지 모르는 코로나 바이러스 상황이 빨리 종식되기를 희망해봅니다.

에필로그

대화의 씨앗들은 자라서 어디로 갈까?

큰아이가 네 살 때의 일입니다. 장난감을 가지고 놀아주다가, 문득 아이가 저를 얼마나 좋아하는지 궁금해졌습니다. 엄마를 좋아한다면 특히 어떤 부분을 좋아하는 건지 알고 싶어졌지요. 아이가 자신의 마음을 과연 어디까지 표현할 수 있을지 예상이 되지 않았지만 한번 물어보았습니다.

"넌 엄마의 어떤 점이 좋아?"

질문을 받은 아이는 깊이 생각하는 눈치였습니다. 그래, 네 살 아이가 대답하기에는 쉽지 않은 질문이겠구나 싶었지요. "맛있는 음식을 주어서 좋아"라고 대답하려나? 아니면 "나랑 놀아줘서 좋아" 혹은 "엄마와 숨바꼭질을 할 때 좋아"라고 대답할 수도 있겠네요. 제가 예상한 답변은 이 정도였습니다. 아이는 결심했다는 듯이 저를 바라보며 손을 내밀었습니다. 아이의 손은 제 입가를 향했습니다.

"난 엄마의 이 점이 좋아."

그건 코와 입술 사이에 있는 점이었습니다. 전혀 예상하지 못했던 답변에 웃음이 터져나왔습니다. 이런 경험, 다들 한 번씩 있으시지요? 전혀 상상하지 못했던 아이의 답변에 마음이 따뜻해졌습니다. 이런 순간의 기분을 잊지 못해서일까요? 아이와 대화를 나누며 느꼈던 기쁨과 즐거움, 대견함과 미안한 마음이 기억의 저편으로 사라지는 게 아쉬웠습니다. 그래서 대화를 기록해두어야겠다고 마음먹었습니다.

아이들과 대화를 나눈다는 것은 무엇을 의미할까요? 대화와 소통은 서로의 생각과 감정을 나누는 행위입니다. 흔히 "저 사람과는 말이 통하지 않아"라고 하는 건 소통이 이루어지지 않기 때문입니다. 무엇이 사람 사이의 소통을 가로막는 것일까요? 대화란 상대방의 말을 있는 그대로 받아들이는 것이 전제되어야 합니다. 아이들과 많은 대화를 나누지만 항상 서로의 생각과 감정을 공유하는 소통이기는 어렵습니다. 무언가를 지시하거나 전달하는 경우도 있고, 사실을 확인하는 대화도 있습니다. 제가 아이들에게 남겨줄 수 있는 게 무엇이 있을까 고민하다가, 책을 매개로 나누었던 대화를 기록하게 된 이유도 그 때문이었습니다.

지난 몇 년 동안 여러 주제에 대해서 가끔은 지나가는 말처럼, 어떨 때는 진지하고 깊이 있게 아이들과 대화를 나누어보았습니다. 시간을 일부러 내서 토론했다기보다는 일상생활에서 지나가듯이 대화를 나누곤 했습니다. 아이와의 대화에서 놀랐던 건, 아이들도 각자 자기만의 기준과 근거를 가지고 대상을 바라보려고 한다는 사실이었습니다. '아이들이 뭘 알겠어?'라고 섣불리 생각해서는 안 되는 것이었죠.

대화를 나누면서 많은 경험을 했습니다. 아침에 일어나면, 아이가 어젯밤에 꾸었다면서 한도 끝도 없이 이어지는 꿈을 20분이 넘도록 들려주는 날도 있었지요. 아이는 책이나 영화의 줄거리 역시 며칠 밤을 이어서 들려주기도 했습니다. 이럴 때마다 늘 집중해서 들어줄 수는 없었지요. 바쁠 때는 "조금 짧게 이야기해줄래?"라고 부탁하기도 하고, 성의 없이 맞장구를 치기도 했습니다. 항상 좋은 분위기에서 대화할 수 있었던 것도 아니었지요. 이 과정을 거치면서 최대한 자연스럽게 대화하는 요령을 터득했습니다. 자기 전에 잠자리에 함께 누워 이야기를 나눈다거나, 산책을 하며 대화를 나누기도 했습니다. 그러다가 저는 전혀 기억하지 못하는 일을 아이가 기억하고 있다는 사실에 놀라기도 했고, 그 반대의 경우도 있었습니다.

아이와 나눈 대화를 기록해온 지 어느덧 6년의 시간이 흘렀습니다. 그동안 적은 글을 읽어보면, 시간이 흘러갈수록 아이가 어떻게 성장했는지 보여서 대견하기도 하고 뿌듯하기도 합니다. 아이는 점점 자기만의 생각을 가지며 자라가고 있는데 나는 아이에게 어떤 엄마가 되어야 하나 고민하기도 했습니다. '좋은 엄마'란 특정한 조건을 갖추어야 한다고 생각했는데, 꼭 그렇지만은 않다는 것을 깨달았습니다. 아이가 엄마를 좋아하는 이유는 바로 우리 엄마이기 때문이었지요. 그 사실을 깨닫고 나니 마음이 편해졌습니다. 허지원 교수는 「좌절에 대처하는 방법: 비출산의 심리학적 기제와 기능」에서 부모의 불완전함도 아이에게는 나쁘지 않다고 말합니다. 좋은 주양육자는 '그럭저럭 괜찮은 엄마'면 된다고요. 그 글을 읽으며 꼭 좋은 엄마가 되어야겠다는 지나친 부담감은 내려놓기로 했습니다. 그냥 아이의 생각을 들어주고 대화를 나눌 수 있는 정도만 돼도 '그럭저럭 괜찮은 엄마'이지 않을까요? 어쩌면 이것도 쉽지 않은 일인지도 모르겠네요.

지난 6년 동안 아이와 함께 책을 읽고 생각을 나눌 수 있어 즐거웠습니다. 앞으로 언제까지 이런 시간을 가질 수 있을지 모르겠지만, 아이와 저 모두 성장한 시간임에는 틀림없습니다. 아이가 저를 어떤 엄마로 기억해주면 좋을지 오랫동안 고민해왔는데, 지금은 이렇게 대답해보려고 합니다. '나의 이야기에 귀 기울여주던 엄마'였다고요.

[부록] 추천도서

1.『안녕, 우주』
에린 엔트라다 켈리 글/그림 • 이원경 옮김 • 밝은미래

중학교에 올라가는 네 명의 아이 버질, 카오리, 발렌시아, 쳇 불런스의 이야기가 각 장마다 펼쳐집니다. 소심한 버질 살리나스, 영리한 발렌시아 소머싯, 앞날을 내다볼 수 있는 카오리 타나카, 동네에서 가장 못된 골목대장인 쳇 플런스의 삶이 놀라운 방식으로 얽힙니다.

2.『어느 날 미란다에게 생긴 일』
레베카 스테드 지음 • 최지현 옮김 • 찰리북

1970년대 뉴욕에 살던 평범한 열두 살 소녀 미란다는 어느 날 누가 보냈는지 알 수 없는 쪽지를 받습니다. 쪽지는 미란다의 일상을 꿰뚫어 보고, 심지어 앞으로 일어날 일까지 완벽하게 알려줍니다. 누가 쪽지를 보냈는지 알지 못하는 미란다는 점점 두려워집니다.

3.『사금파리 한 조각』
린다 수 박 글 • 김세현 그림 • 이상희 옮김 • 서울문화사

이야기의 배경은 12세기 고려 시대 도자기 마을입니다. 고아인 소년 목이는 어려서부터 자신을 돌봐준 두루미 아저씨와 함께 지내며 살아갑니다. 하루하루의 끼니를 걱정해야 하는 처지로 쓰레기더미를 뒤지는 게 일과이지만, 목이에게는 도공이 되고 싶다는 소망이 있습니다.

4. 『구덩이』
루이스 새커 지음 • 김영선 옮김 • 창비

운이 없었던 스탠리의 4대에 걸친 가족 이야기인데, 재미있고 유쾌합니다. 우연히 날아온 운동화를 집어 든 스탠리는 사막 한가운데에 있는 구덩이를 파는 캠프로 가게 됩니다. 캠프에서 한 스탠리의 선택은 모든 것을 뒤바꾸어놓고 진실을 파헤치고자 하는 스탠리의 용기 있는 결단은 행운을 불러옵니다.

5. 『수상한 진흙』
루이스 새커 지음 • 김영선 옮김 • 창비

타마야라는 아이가 오랫동안 연구해온 '에르기님'이라는 물질을 만지면서 일어나는 이야기입니다. 에르기님은 청정 에너지원으로, 돌연변이인 공기에서 살아남고 유기물을 먹어서 파괴시켜버리는 변종입니다.

6. 『클로디아의 비밀』
E. L. 코닉스버그 지음 • 햇살과나무꾼 옮김 • 비룡소

가출한 남매인 클로디아와 제이미에게 일주일간 벌어진 일을 담고 있습니다. 클로디아는 딸에 대한 부모의 차별 때문에, 제이미는 복잡하고 신나는 모험을 하고 싶어 가출을 시도합니다. 눈에 띄지 않기 위해 뉴욕에 있는 메트로폴리탄 미술관을 가출 장소로 선택합니다.

7. 『시간의 주름』
매들렌 렝글 글 • 오성봉 그림 • 최순희 옮김 • 문학과지성사

우주의 은하로 떠나는 시공간 여행을 다루고 있는 이야기입니다. 돌연변이로 태어난 메그와 동생 찰스는 친구 캘빈과 함께 소식이 없는 아빠를 찾아 나섭니다. 아이들은 시간의 주름을 통과해 몇 광년이나 떨어진 행성에 도착하고 아빠와 무사히 지구로 돌아오게 됩니다.

8. 『아름다운 아이』
R. J. 팔라시오 지음 • 천미나 옮김 • 책과콩나무

태어날 때부터 선천성 안면 기형 장애를 가지고 태어난 어거스트 풀먼의 이야기입니다. 풀먼은 어릴 때부터 열 살까지 성형 수술이나 턱 수술, 입천장 수술 같은 수술들을 무려 27번이나 받게 됩니다. 처음 학교에 들어갔을 때는 다른 아이들의 눈길을 받았지만, 점점 친구들이 풀먼의 모습을 인정하고 받아들입니다.

9. 『찰리와 초콜릿 공장』
로알드 달 글 • 퀀틴 블레이크 그림 • 지혜연 옮김 • 시공주니어

윌리 웡카의 초콜릿 공장은 매일 맛있고 신비로운 초콜릿을 만들어냅니다. 어느 날 초콜릿 공장을 견학할 수 있는 이벤트가 시작됩니다. 초콜릿 안에 든 황금 초대장을 발견한 다섯 명의 어린이에게만 방문이 허락되는 웡카 씨의 공장에 마지막 황금 초대장의 행운은 찰리가 차지합니다.

10. 『마틸다』
로알드 달 지음 • 퀀틴 블레이크 그림 • 김난령 옮김 • 시공주니어

찰스 디킨스의 『위대한 유산』까지 단숨에 읽어내는 신동, 마틸다의 이야기입니다. 마틸다는 네 살 때부터 도서관을 찾아가 그곳에 있는 책을 닥치는 대로 읽기 시작합니다. 여섯 살이 되던 해, 마틸다를 성가시다고 느낀 그녀의 아버지는 딸을 이상한 학교에 입학시킵니다.

11. 『줄무늬 파자마를 입은 소년』
존 보인 지음 • 정회성 옮김 • 비룡소

아홉 살 아이인 브루노의 시점으로 전개되는 이야기입니다. 브루노는 아버지의 승진 때문에 새로운 곳으로 이사를 갑니다. 탐험 놀이를 하기로 마음먹은 브루노는 집 주변에 쳐진 철조망을 따라 걷다가 줄무늬 파자마를 입고 있는 유태인 소년 쉬미엘을 발견합니다.

12. 『기억 전달자』
로이스 로리 지음 • 장은수 옮김 • 비룡소

조너스는 모두가 똑같은 형태의 가족을 가지고 동일한 교육을 받으며 성장하는 곳에서 자랍니다. 열두 살 생일을 앞두고 조너스에게 내려진 직위는 기억 전달자입니다. 기억 전달자란 과거의 기억을 유일하게 가지고 있는 사람으로, 선임 기억 전달자에게 기억을 전달받습니다.

13. 『파이 이야기』
얀 마텔 지음 • 공경희 옮김 • 작가정신

열여섯 살 인도 소년 파이가 사나운 벵골 호랑이와 함께 구명보트에 몸을 싣고 227일 동안 태평양을 표류한 이야기입니다. 후반부의 반전이 놀랍습니다.

14. 『구스범스』
R. L. 스타인 글 • 소윤경 그림 • 노은정 옮김 • 고릴라박스

린디와 크리스는 쌍둥이 자매입니다. 어느 날 뒷집 공터에서 목각 인형을 줍는데, 린디는 그 인형으로 복화술을 해서 사람들의 관심을 끌게 됩니다. 두 자매의 경쟁은 점점 치열해지고 기괴한 사건들이 벌어집니다.

15. 『거울 나라의 앨리스』
루이스 캐럴 글 • 존 테니얼 그림 • 김경미 옮김 • 비룡소

아기 고양이와 놀던 앨리스는 자기도 모르게 거울 속 방으로 들어가게 됩니다. 거울 속 세계는 모든 것이 반대로 뒤바뀌는 꿈같은 환상의 세계입니다. 앨리스는 거울 속 나라를 탐험하며 정원으로 나가는 순간 붉은 왕, 여왕 편의 체스말이 되어 게임 규칙에 따라 움직입니다. 이야기가 그리 복잡하지 않고, 전편인 『이상한 나라의 앨리스』와 이야기가 이어지지 않아서 이 책만 읽어도 쉽게 이해할 수 있습니다.

16. 『2041 달기지 살인사건』
스튜어트 깁스 지음 • 이도영 옮김 • 미래인

『2041 달기지 살인사건』은 2015년 추리문학상인 에드거 상 (청소년 부문) 최종 후보에 오르기도 한 소설입니다. 달기지 알파에 이주해서 사는 열두 살 소년 대시의 이야기입니다. 달기지 알파는 최초로 건설된 우주 기지로, 대시 깁슨 가족은 경쟁률을 뚫고 첫 거주민으로 선발되어 2040년에 달기지 알파로 우주선을 타고 떠납니다. 책은 달기지 알파의 핵심 과학자 홀츠 박사가 의문의 죽음을 맞이하면서 시작됩니다. 대시는 홀츠 박사의 죽음이 살인이라고 확신합니다. 대시는 친구 로디와 함께 범인이 떨어트린 스마트폰으로 범인의 단서를 알아냅니다.

17. 『니나 대장 실종사건』
스튜어트 깁스 지음 • 이도영 옮김 • 미래인

홀츠 박사 피살 사건 이후 한동안 평화로웠던 달기지 알파에서 니나 대장의 실종 사건이 벌어집니다. 그녀를 마지막으로 본 사람은 대시입니다. 대시는 전날 밤, 쇼버그 남매와의 충돌로 니나 대장의 숙소에 불려갔다가 3주간 컴링크 사용 금지라는 징계를 받습니다. 막강 권력가인 쇼버그 집안의 압력 때문이었습니다.

18. 『달기지여 안녕』
스튜어트 깁스 지음 • 이도영 옮김 • 미래인

이번에는 라스 쇼버그 씨의 살인 사건이 일어납니다. 쇼버그 씨는 청산가리에 중독된 것으로 밝혀지고, 니나 대장은 단순 사고라며 기지 사람들을 안심시킨 뒤, 몰래 대시를 사무실로 불러 사건의 진상을 알려줍니다. 누군가 라스 씨의 음식에 청산가리를 주입한 것입니다. 청산가리는 달기지에 반입이 금지된 품목이고 음식은 철저한 관리 대상인데 도대체 누가, 왜 라스 씨의 음식에 독극물을 넣은 것일까요? 니나 대장은 대시에게 은밀히 범인을 추적하라고 명령합니다.

19. 『어둠이 떠오른다』
수잔 쿠퍼 지음 • 김서정 옮김 • 문학과지성사

열한 번째 생일날, 윌은 놀라운 사실을 알게 됩니다. 바로 자신이 영원히 죽지 않는 올드 원 중 마지막 멤버이며 막중한 임무를 띠고 태어났다는 것이지요. 올드 원은 악한 힘에 맞서 싸우며 세계를 지키는 불사의 존재들입니다.

20. 『언니가 가출했다』
그리스디네 뇌스틀링기 글 • 최정인 그림 • 힌기상 옮김 • 우리교육

에리카의 가족은 수가 많습니다. 엄마와 아빠가 언니와 에리카를 낳았지만 두 분은 이혼해서 각각 두 명의 자식을 낳았습니다. 언니와 엄마는 사이가 좋지 않습니다. 어느 날 언니가 모르모트를 데려왔는데 동생들이 모르모트를 죽였고, 이에 언니는 화가 나서 동생들에게 죽여버리겠다고 말합니다. 엄마는 언니의 뺨을 때리고 우여곡절 끝에 언니는 가출합니다.

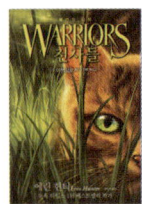
21. 『전사들』 시리즈
에린 헌터 지음 • 서나연 옮김 • 가람어린이

처음 시즌 1은 에린 헌터라는 이름으로 두 여성 작가인 케이트 케리와 체리스 볼드리가 쓴 판타지 소설입니다. 작은 집고양이가 숲을 파괴하려는 음모와 싸워 종족의 가장 위대한 전사가 되기까지의 이야기입니다.

22. 『코드네임』 시리즈
강경수 지음 • 시공주니어

아이들이 첩보 요원으로서 모험을 하는 과정을 흥미롭게 보여주고 있습니다. 주인공 파랑이는 과거에 뛰어난 첩보원이던 엄마 '바이올렛'과 함께 사건을 해결합니다. 첫 번째 임무는 세계 첩보국 MSG에 협박 편지를 보낸 다섯 명의 용의자를 찾아 범인을 밝혀내는 것입니다.

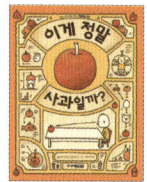
23. 『이게 정말 사과일까』
요시타케 신스케 글/그림 • 고향옥 옮김 • 주니어김영사

이 책은 사과라는 사물에 대한 고정관념에서 벗어나 마음껏 상상해볼 수 있게 해줍니다. 한 아이가 책상 위의 사과를 보면서 '이게 사과일까? 사과가 아닌 것은 아닐까?'라고 생각하면서 이야기는 시작됩니다. 처음에는 사과의 붉은색이나 맛, 둥그런 모양에서 점점 다른 것들을 생각하면서 사고가 확장되어갑니다.

24. 『레몬첼로 도서관: 탈출 게임』
크리스 그라번스타인 지음 • 정회성 옮김 • 사파리

한 마을의 도서관 개관 행사에 초대된 열두 명의 아이들이 도서관에서 2박 3일간 머물며 벌어지는 이야기입니다. 제목에서 알 수 있듯, 도서관을 탈출하는 미션을 완수하기 위해 책과 게임을 망라한 갖가지 복잡한 퍼즐과 퀴즈, 수수께끼 등을 풀어가는 과정이 전개됩니다.

25. 『해저 2만 리』
쥘 베른 글 • 알퐁스 드 뇌빌, 에두아르 리우 그림

윤진 옮김 • 비룡소

수수께끼의 인물 네모 선장이 만든 잠수함 노틸러스호에 대한 이야기로, 내용이 흥미진진합니다. 항해 중에 바다에서 고래보다 빠르고 빛을 내는 거대하고 신비한 괴물을 보았다는 소문이 퍼져나갑니다. 이에 아로낙스 박사 일행은 괴물의 정체를 밝히기 위해 링컨호에 오릅니다. 링컨호는 네모 선장이 이끄는 잠수함인 노틸러스호의 충각에 부딪혀 침몰하고, 네모 선장에 의해 구조되어 잠수함 여행을 하게 됩니다. 네모 선장은 나라에서 모진 박해를 받은 후 복수하기 위해 부하들과 함께 바닷속에 숨어 지내왔습니다. 노틸러스호는 국적 불명 군함의 공격을 받지만 거꾸로 충각을 이용해서 군함을 격침시킵니다. 이 사건을 계기로 아로낙스 박사는 노틸러스호가 노르웨이 연안에서 표류하던 틈을 타 탈출합니다.

26.『15소년 표류기』
쥘 베른 글 • 레옹 브네 그림 • 김윤진 옮김 • 비룡소

태평양의 무인도에 표류하게 된 열다섯 명의 소년이 2년 동안 살아남기 위해 싸워나가는 이야기입니다. 뉴질랜드의 오클랜드에 있는 체어먼 기숙학교 학생들은 여름 방학 동안 뉴질랜드 연안을 배를 타고 일주하기로 합니다. 그런데 원인을 알 수 없는 사고로 배가 표류하고, 열다섯 명의 소년들은 무인도에 도착합니다. 아이들은 무인도의 곳곳에 이름을 붙이고 섬에는 기숙학교 이름을 따서 '체어먼 섬'이라고 부릅니다. 자신들을 다스릴 지도자를 선출하기로 하는데, 선거를 하면서 여러 사건이 벌어집니다. 당시의 시대상을 모험소설로 그려내고 있어서 더 흥미롭습니다.

27.『허풍선이 남작의 모험』
고트프리트 뷔르거, 디르크 발브렉커 글 • 도리스 아이젠부르거 그림
한미희 옮김 • 비룡소

허풍선이 이에로니무스 남작의 모험담에 대한 내용입니다. 그는 사람들에게 자신이 겪었던 이야기를 들려주는데 엉뚱한 이야기가 많습니다. 대포나 오리를 타고 하늘을 날아다니거나, 배를 타고 달나라에 가며, 포도주 바다에서 길을 헤매고, 치즈섬에서 포도 안의 우유를 마시는 등 황당무계한 이야기들이 이어집니다.

28.『홍당무』
쥘 르나르 글 • 펠릭스 발로통 그림 • 심지원 옮김 • 비룡소

붉은 머리카락 때문에 홍당무라고 불리는 아이의 이야기입니다. 가족들은 홍당무의 이름도 기억하지 못하고 더럽고 멍청하다고 여깁니다. 그래서 가정에서 일어나는 모든 나쁜 일들을 주로 홍당무 탓으로 돌립니다. 집 안의 모든 허드렛일은 홍당무에게 시키고, 엄마는 자신의 잘못을 아이에게 덮어씌웁니다. 이런 홍당무의 모습이 가엾습니다. 홍당무의 형제들은 매번 고자질을 해서 홍당무가 엄마에게 회초리를 맞습니다. 홍당무는 이러한 상황 속에서도 끝까지 견딥니다.

29. 『돈키호테』
미겔 데 세르반테스 지음 • 안영옥 옮김 • 열린책들

라만차 지방의 돈키호테는 기사에 대한 책을 너무 많이 읽어서 자신이 기사라는 착각에 빠집니다. 로시난테를 타고 마을을 떠나 모험을 하고 집에 돌아와서 죽는데, 모험 이야기들이 재미있어서 순식간에 읽게 됩니다.

30. 『신기한 시간표』
오카다 준 글 • 윤정주 그림 • 박종진 옮김 • 보림

신기한 일을 자주 경험하는 아이가 점심시간에 쥐와 이야기를 나눕니다. 쥐는 아이들이 식판과 음식을 모두 교실로 가져가면 아주머니들이 마녀가 된다고 들려줍니다. 결국 소년은 마녀와 가위바위보를 하여 치즈를 얻고 도망칩니다.

31. 『마법 푸딩』
노먼 린지 지음 • 김석희 옮김 • 웅진주니어

아무리 먹어도 줄지 않고 먹는 사람의 상상에 따라 자유자재로 모양이 바뀌는 신기한 마법 푸딩이 있습니다. 푸딩을 노리던 '전문 푸딩 도둑'들에게 마법 푸딩을 도둑맞은 세 '전문 푸딩 주인'들은 푸딩을 찾기 위한 험난한 길을 떠나게 됩니다.

32. 『책 먹는 여우』
프란치스카 비어만 글/그림 • 김경연 옮김 • 주니어김영사

여우 아저씨는 책을 읽고 나면 후추 한 줌, 소금 한 줌을 뿌려 한입에 먹습니다. 그런데 식성이 좋아 먹을 것이 부족했습니다. 그러다가 범죄를 저질러 감옥에 가고, 교도관 빛나리 씨를 꾀어 종이와 연필을 얻습니다. 2주일 후, 923쪽이나 되는 책을 완성했습니다. 빛나리 씨도 기뻐하며 책을 살짝 보았는데 내용이 무척 재미있었지요. 이 책은 세상에 알려져 베스트셀러가 되었습니다. 빛나리 씨는 교도관 일을 그만두고 출판사를 차렸습니다. 여우 아저씨 책 뒤에는 소금 한 봉지가 들어 있습니다.

33. 『수학 귀신』
한스 마그누스 엔첸스베르거 글・로트라우트 수잔네 베르너 그림・고영아 옮김・비룡소

수학을 싫어하는 로베르트라는 아이는 수학 귀신과 이야기를 하는 과정에서 수학이 끔찍한 과목이 아니라 재미있는 것임을 알게 됩니다. 로베르트는 계산 뒤에 숨어 있는 원리를 찾아내고 이해하면서 수학 원리를 제대로 깨우칠 수 있게 됩니다.

34. 『거짓말 학교』
전성희 글・소윤경 그림・문학동네어린이

제10회 문학동네 어린이문학상 대상작입니다. 우수한 아이들만 골라 세계를 뒤흔들 만한 창의적인 거짓말을 하는 인재로 양성하는 거짓말 학교가 있는데, 지도에도 표시할 수 없는 작은 섬에 위치한 이 학교에서는 보통의 중학교와 달리, 거짓말을 창조하는 데 꼭 필요한 거짓학, 진실학, 논리학 등을 필수 과목으로 배웁니다.

35. 『로봇의 별 1~3』
이현 글・오승민 그림・푸른숲주니어

안드로이드 로봇 나로와 아라, 네다는 인간과 똑같은 외모와 최고의 성능을 자랑하는 전자 두뇌를 가지고 있으며, 세상에 단 세 대뿐입니다. 이들은 하늘 도시와 지상의 아래 도시, 알파, 베타, 감마, 델타 등으로 계급이 나뉜 세계에서 자유로운 존재가 되는 꿈을 찾아 분투합니다.

36. 『우주로 가는 계단』
전수경 글・소윤경 그림・창비

사고로 가족을 잃은 뒤 과학 이론에 빠진 소녀가 우정을 나누던 이웃 할머니의 실종으로 인해 우주의 비밀에 다가가는 이야기입니다.

37. 『책과 노니는 집』
이영서 글 • 김동성 그림 • 문학동네어린이

조선시대 천주교 탄압을 배경으로 한 역사소설입니다. 주인공 장이의 아버지는 책을 필사하는 사람인데, 어느 날 천주학 책을 필사했다는 이유로 천주학쟁이라는 오명을 쓰고 관아에 끌려가 매를 맞고 죽고 맙니다. 아버지를 잃은 장이는 책방 주인 최서쾌 집에서 지내면서 책방 심부름꾼 생활을 시작합니다.

38. 『불량한 자전거 여행 1~2』
김남중 글 • 허태준 그림 • 창비

호진이는 가출하기로 결심하고 삼촌을 찾아갑니다. 그리고 삼촌이 여자 친구와 떠나는 자전거 순례길에 동행하게 됩니다. 자전거로 구례와 부산을 거쳐 강원도 고성까지 달리는 11박 12일의 순례 이야기를 담고 있습니다.

39. 『컬러보이』
손서은 글 • 소윤경 그림 • 비룡소

2148년, 상민이 살고 있는 미브국은 로봇이 세의 모든 일을 대신해주는 편리한 세상입니다. 아이들은 학교에서 매일 아침 배급되는 '바누슈슈'를 마십니다. '바누슈슈'를 거부한 아이들에게서 이상한 변화가 관찰되고, 이를 눈치챈 상민은 친구 수랑과 함께 비밀을 찾아 나섭니다.

40. 『내 이름은 망고』
추정경 지음 • 창비

씩씩한 여고생 수아는 캄보디아어로 '망고'를 뜻하는 '스와이'와 발음이 비슷해 망고라는 별명으로 불립니다. 낯선 땅 캄보디아를 무대로 여행 가이드를 떠맡게 된 열일곱 소녀 수아의 이야기를 다루고 있습니다.

41. 『블랙아웃』
박효미 글 • 마영신 그림 • 한겨레아이들

일주일 동안 일어난 가상의 대규모 정전 사태를 다루고 있습니다. 블랙아웃이 가져올 심각한 피해 상황을 예견하는 데 그치지 않고, 위기에 몰린 순간 이기심을 드러내는 어른들의 일그러진 모습을 어린이의 시각에서 지적하고 있습니다.

42. 『시간 가게』
이나영 글 • 윤정주 그림 • 문학동네

주인공은 1등이 되기 위해 공부하다가 우연히 시간 가게를 찾아내서 신기한 시계를 얻습니다. 이 시계는 행복한 기억을 하나 떠올리면 그 기억을 잃는 대신 10분의 시간을 줍니다. 이 시계를 얻은 주인공은 10분을 얻기 위해 행복한 시간을 잃고 마침내 행복한 기억은 사라집니다. 결국 자신의 기억을 되찾기 위해 다시 시간 가게를 찾습니다. 하지만 되찾은 기억은 자신의 것이 아니라 혼란스러워진 주인공은 시계를 부수고, 다시 자신의 삶을 살기 시작합니다.

43. 『복제인간 윤봉구 1~5』
임은하 글 • 정용환 그림 • 비룡소

자신이 복제인간이라는 사실을 알게 된 한 소년이 겪는 이야기를 담은 SF 성장소설입니다. 봉구는 1년 전 우연히 엄청난 비밀을 접하게 되고 가슴앓이를 시작합니다. 힘든 시간을 보내던 어느 날 '나는 네가 복제인간이라는 것을 알고 있다'라는 쪽지를 받으면서 평범했던 열두 살 윤봉구의 인생은 다른 방향으로 향합니다. 자신이 '가짜 인간'이라는 엄청난 비밀을 알게 돼 혼란스러운데, 거기에 이 비밀을 알고 있는 또 다른 사람이 있다는 사실은 봉구를 두려움에 떨게 만들지요. 이제 곧 세상 모두가 자신이 지구 최초의 복제인간이라는 사실을 알게 될 것이고, 가족과 헤어져 혼자 어딘가로 끌려가게 될 거라는 걷잡을 수 없는 공포에 휩싸입니다.

44. 『5학년 5반 아이들』
윤숙희 지음 • 푸른책들

5학년 5반에는 각자 고민을 가지고 있는 일곱 명의 아이들이 있습니다. 이 책은 일곱 편의 단편이 연결되어 하나의 이야기를 이룹니다. 외모, 진로, 가족, 성적 문제 등 사춘기 아이들의 다양한 고민거리들이 일곱 명의 아이들을 통해 등장합니다.

45. 『해리엇』
한윤섭 글 • 서영아 그림 • 문학동네

아기 원숭이 찰리는 엄마와 숲을 잃습니다. 사람들은 마취제를 쏘아 원숭이들을 잡아들이고, 찰리는 상자에 갇혀 공원 관리소로 옮겨집니다. 공원 관리소에 만난 흰줄원숭이는 찰리에게 사람의 세상에 대해 들려줍니다. 그 뒤 찰리는 동물원으로 가서 거북 해리엇을 만납니다. 해리엇은 나이가 많은데, 찰리의 친구가 되어 곁을 지켜줍니다.

질문의 힘을 키우는
초등 그림책 인문학
ⓒ 문화라 2022

1판 1쇄   2022년 2월 25일
1판 2쇄   2023년 5월 17일

지은이   문화라
펴낸이   김정순
편집   허영수 한홍
디자인   이강효
마케팅   이보민 양혜림 정지수

펴낸곳   (주)북하우스 퍼블리셔스
출판등록 1997년 9월 23일 (제406-2003-055호)
주소   04043 서울특별시 마포구 양화로12길 16-9(서교동 북앤빌딩)
전자우편 editor@bookhouse.co.kr
홈페이지 www.bookhouse.co.kr
전화   02-3144-3123
팩스   02-3144-3121

ISBN 978-89-979-11-6405-150-2 13590

* 본문에 포함된 사진, 인용문 등은 가능한 한 저작권 확인 과정을 거쳤습니다.
  그 외 저작권에 관한 사항은 편집부로 문의해주시기 바랍니다.